D1694957

ANTONIO PALACIOS
UN VIAJE POR GALICIA

© Texto:
XOSÉ RAMÓN IGLESIAS VEIGA
Edición:
XOSÉ RAMÓN PAZ ANTÓN
© Fotografía:
XULIO GIL
© Estampas:
COLECCIÓN PARTICULAR

© ENGAIOLARTE EDICIÓNS, 2021
Álvaro Cunqueiro 20 A,
entrechán dereita
36211 Vigo

www.engaiolarte.com

DESEÑO E MAQUETACIÓN:
Engaiolarte

ISBN:
978-84-123860-1-1

DEPÓSITO LEGAL:
VG 328-2021

IMPRESIÓN:
Jadfel Artes Gráficas

ANTONIO PALACIOS
UN VIAJE POR GALICIA

Texto:
XOSÉ RAMÓN IGLESIAS VEIGA
Edición:
XOSÉ RAMÓN PAZ ANTÓN

PRÓLOGO

Para esta Alcaldía, que entre otras funciones debe atender la puesta en valor del patrimonio cultural relacionado con el Concello de O Porriño y, por tanto, lo elaborado por porriñesas y porriñeses, es un motivo de gran satisfacción colaborar en esta propuesta que desvela una parte –en cierto modo inédita o poco explorada– del extraordinario arquitecto porriñés Antonio Palacios Ramilo.

La divulgación del material que se guarda en los cuadernos de campo y en una carpeta con pinturas sueltas procedentes de una colección particular (hoy duplicada digital y fotograficamente en el Archivo Municipal de la Imagen de O Porriño), abre la posibilidad de acercarnos a un legado gráfico de gran interés artístico y documental.

Antonio Palacios era un gran viajero y continuamente tomaba notas del mundo que observaba. Dibujaba con prioridad los volúmenes de la arquitectura románica, pero atendía también el barroco, las construcciones populares, las formas creadas por la naturaleza o apuntaba ideas sobre ordenamiento urbano. Aquí está el Puente de Rande, imaginado, dibujado, medio siglo antes de su construcción. Y más allá de la arquitectura, apuntaba elementos históricos, etnográficos, decorativos, arqueológicos y, con mucha frecuencia, se perdía en los ámbitos de la mera expresión artística realizando retratos, bosquejos de personajes, animales o paisajes.

La presente selección atiende exclusivamente a los materiales dibujados en Galicia, la parte más extensa de esta colección que, no obstante, refleja también imágenes de otros lugares de España y muy especialmente de Andalucía, territorio que conforma un segundo bloque temático de mucho interés. Centrados, pues, en Galicia, descubriremos el extraordinario conocimiento que el arquitecto poseía del patrimonio histórico del país y vislumbrar determinados motivos de inspiración –nunca de simple copia– en sus propios proyectos.

Aprovecho estas líneas para agradecer a los autores de este libro, Xosé Ramón Iglesias Veiga y Xosé Ramón Paz Antón, el trabajo realizado y la constancia en los estudios sobre el patrimonio y sobre el genial arquitecto, nuestro porriñés más universal.

Eva García de la Torre
Alcaldesa do Porriño

O Porriño.
Detalle de la Fuente del Cristo.

ÍNDICE

| | Antonio Palacios, recorriendo Galicia | 13 |

PORRIÑO. Horreo en Rozadas, Budiño ... 48
Pazo de los Correa, Budiño ... 50
Estela funeraria de Atios ... 50
PONTEAREAS. Peñas de San Cibrán ... 51
TUI. Hórreo ... 53
PONTEVEDRA. Bóveda de Santa María a Grande ... 53
OIA. Bóveda de Santa María a Real ... 54
CEA. Bóveda de Santa María a Real de Oseira ... 54
BAIONA. Colegiata de Santa María, planta ... 55
NIGRÁN. Santiago de Parada ... 56
MOS. Dolmen en Cela ... 60
San Pedro de Cela ... 62

Casa gallega de ciudad ... 63
Procesión, figuras femeninas ... 63

VIGO. Santiago de Bembrive ... 64
Santa María de Castrelos ... 68
San Roque ... 70
Arco de San Roque ... 71
Hórreo / Berraco en Coruxo ... 71
MOAÑA. Casas marineras ... 72
San Pedro de Domaio / San Martiño ... 73
CANGAS. Casas marineras ... 72
VILABOA-REDONDELA. Puente de Rande ... 74
REDONDELA. Casa ... 74
MONDARIZ. Castillo de Sobroso ... 75
PONTE CALDELAS. Hórrreo en Forzáns ... 76
SOUTOMAIOR. Capilla de Aranza, óculo ... 76
FORNELO DE MONTES. Choza de pastores ... 77
PONTEVEDRA. Casas marineras en A Moureira ... 78
Santa María a Grande ... 79
COVELO. Mampostería / Molinoi en Barcia de Mera ... 80
POIO. Casa y plataforma de hórreo en Combarro ... 81

ÍNDICE

MEIS.	Santa María	82
O GROVE.	Moza en A Lanzada	83
BARRO.	Crucero	84
CAMBADOS.	Santa Mariña	84
CALDAS DE REIS.	Rúa Real	85
CUNTIS.	Casa	85
SILLEDA.	Santiago de Taboada	86
	Monasterio de Carboeiro	87
VILA DE CRUCES.	Divino Salvador de Camanzo	88
PADRÓN.	Exedra de Rosalía de Castro	89
RIANXO.	Rúa de Abaixo	89
NOIA.	Claustro de Toxosoutos	90
	Casa de A Xouba	91
	Molino da Ponte de Traba	92
	Santa María a Nova	92
	San Martiño	93
LEIRO.	Aparejo en Esperela	93
SANTIAGO.	Casa	94
	Pórtico	95
	Escalinata de San Martiño de Laraño	95
	Gárgola	96
	Rúa Galicia, proyecto	96
	Rúa do Vilar	97
	San Fiz de Solovio	98
	Hórreo	98
	Torres del Obradoiro / Torre de la Vela	99
	Enlosado	100
	Escalinata do Seminario Maior	101
	Fuente de la Plaza de Platerías	102
BRIÓN.	Torres de Altamira	102
TOQUES.	San Antolín	103
SOBRADO DOS MONXES.	San Salvador	104
FISTERRA.	Casa	106
CABANA DE BERGANTIÑOS.	Dolmen de Dombate	107
A CORUÑA.	Riazor	108
CAMBRE.	Santa María	114

ÍNDICE

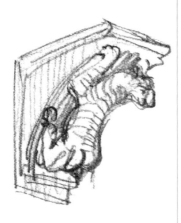

BETANZOS.	San Francisco, berraco de los Andrade	117
SADA/RIBADAVIA/VIMIANZO/VIGO.	Ménsulas	118
PONTEDEUME.	Torre de los Andrade	119
VILALBA.	Torre del castillo	120
FOZ.	San Martiño de Mondoñedo	120
VILANOVA DE LOURENZÁ.	San Salvador	122
RIBADEO.	Casa	122
MERA.	Santalla de Bóveda	123
PORTOMARÍN.	San Xoán	124
BECERREÁ.	Santa María de Penamaior	126
SAMOS.	San Xiao	127
MONFORTE.	Castillo	129
	Capilla de San Lázaro	130
POBRA DE TRIVES.	Ponte Bibei	130
CASTRO CALDELAS.	Castillo	131
MONTERREI.	Fortaleza	132
XINZO DE LIMIA.	Ménsula	134
BANDE.	Santa Comba	135
RAIRIZ DE VEIGA.	Romería de A Saínza	136
VILAR DE SANTOS.	Colgante arracada	140
ALLARIZ.	Santa Mariña de Augas Santas	141
	Puente de Vilanova	142
	Santiago	142
XUNQUEIRA DE AMBÍA.	Santa María	143
	Hórreo	144
BAÑOS DE MOLGAS.	Os Milagres	145
RIBADAVIA.	Casa atalaya en Prexigueiros	145
XUNQUEIRA DE ESPADAÑEDO.	Pilas bautismales de Santa María	146
NOGUEIRA DE RAMUÍN.	Santo Estevo de Ribas de Sil	147
BARBADÁS.	San Martiño de Loiro	149
TOÉN.	San Pedro de Moreiras	151
CASTRELO DE MIÑO.	Santa María	152
MELÓN.	Santa María	153
RIBADAVIA.	San Xoán	154
CENLLE.	Casa grande de Rioboo	155
MASIDE.	San Tomé o Vello	156

ÍNDICE

MASIDE. OURENSE.
- Molino en Listanco 156
- Ángles en las puertas laterales de la catedral 157
- Mudexjarismos 158
- Crucero 158

CEA.
- Santa María de Oseira, deambulatorio 159
- Bóveda 160
- Almohadillados / Ménsula 160

LEIRO.
- San Miguel de Lebosende 162
- Torreón de San Clodio 163
- San Clodio / Casa 164

CEA. CARBALLIÑO. BOBORÁS.
- San Clodio, puerta / Ermita abierta 165
- Santa Baia de Banga 166
- San Salvador de Pazos de Arenteiro 168

- Hórreo en las *Cantigas* de Afonso X 169
- Crucero, bosquejo 170
- *Opus reticulatum* en el castro de santa Trega 171
- Repisa para balcón, bosquejo 172

ANTONIO PALACIOS
RECORRIENDO GALICIA

ANTONIO PALACIOS, RECORRIENDO GALICIA

Los cuadernos de campo de Antonio Palacios Ramilo confirman alguna de sus actividades en Galicia que solo se habían documentado a través de sus propios escritos, de referencias de prensa de la época y con testimonios de algunos de sus acompañantes. Corroboran su preocupación, titulado en 1900, por conocer su tierra en aspectos de historia y arquitectura del pasado y suponen una contribución importante para la comprensión de su obra, en especial de aquella en la que intenta establecer un vínculo con lo vernáculo. El contenido de estos cuadernos nos muestran otras facetas de Palacios más allá de la arquitectura y acercan la visión de una persona inquieta, interesada por la plástica, especialmente por la pintura y su práctica, por la conservación del patrimonio, por la difusión de los valores del paisaje gallego, por el fomento del turismo y del excursionismo, etc. En los recorridos por Galicia y norte de Portugal fue acompañado a veces por su hermano José y, en otras ocasiones, por Valentín Paz Andrade. Este último, al comentar sobre la amistad de muchos años con el arquitecto, destacaba que había sido "continuamente su compañero, en las excursiones por los monasterios de la Galicia y el norte de Portugal. Por Oseira, Armenteira, Melón, Santa María de Oia, etc., y por las iglesias barrocas o románicas de Oporto, Leça de Leiría, Barcelos…" José, fue también acompañante en las salidas al extranjero, como recoge la prensa de la época que, a finales de septiembre de 1912, reseñaba el regreso de los dos hermanos de un viaje a Londres. Los recorridos por Galicia debieron partir en diversas ocasiones de O Porriño, villa en la que residieron siempre los padres del arquitecto y en la que durante mucho tiempo su hermano José ejerció como farmacéutico en la 'Botica Nueva', un singular inmueble diseñado por Antonio hacia el año 1909. La revista *Vida Gallega*, en un amplio reportaje con profusión de imágenes narraba la visita que, en 1918 desde O Porriño, realizaron a los diversos pazos de Salceda de Caselas José Palacios, Ramón Cabanillas, José Carrera y Jaime Solá Maestro, director de la citada publicación.

O Porriño. Escaleras interiores del Ayuntamiento. Abajo, monasterio de **Melón.**

Cea.
Sala capitular de Oseira.
Abajo, Armenteira en **Meis.**

Dentro de los aspectos relacionados con la visita y estudio de los monumentos gallegos, Antonio Palacios dirigió la mirada al románico y al barroco, con manifiesta preferencia por el primero, sin descuidar la atención a las singulares manifestaciones de la arquitectura popular y a las técnicas constructivas tradicionales relacionadas con los materiales propios, en especial con el granito. Estos cuadernos reflejan la evolución de la recuperación historiográfica de ciertos estilos del pasado. Si bien en Galicia el barroco había tenido una gran presencia y amplia aceptación popular, la implantación del gusto neoclásico produjo sobre él una rigurosa crítica que provocó que, en los inicios del siglo XX, aun prevalecía una valoración negativa. El descubrimiento y aprecio de las manifestaciones arquitectónicas del medievo se produjo con anterioridad, por lo que este período a ojos de la erudición había quedado liberado de la consideración de oscuro y "bárbaro". Desde finales del siglo XVIII el pensamiento romántico había favorecido una intensa mirada a la Edad Media que generó una paulatina recuperación de los estilos de ese período, en especial del gótico.
Cuando Antonio Palacios comienza su etapa formativa, a esta nueva valoración habían contribuido de forma notable los teóricos John Ruskin y Viollet-le-Duc. Este último tuvo una gran importancia en Francia en el rescate del gótico, al que consideraba expresión de la nacionalidad de ese país. De él apreciaba una racionalidad constructiva

Oia.
Iglesia del monasterio de Santa María.

que consideraba como vía apropiada en la busca de un estilo de su tiempo. John Ruskin potenció la difusión de los valores de este estilo en Inglaterra con la publicación de *The Nature of Gothic*, que era la reedición del aplaudido capítulo dedicado a este estilo en su libro *The Stones of Venice* (1851). Los dos teóricos aparecen citados por Palacios en sus textos e intervenciones públicas. En 1922, la revista profesional madrileña *La Construcción Moderna*, al dar cuenta de una conferencia pronunciada en Madrid, en la *Asociación de Alumnos de Ingenieros y Arquitectos*, indicaba que Palacios *trazó un paralelo entre Ruskin y Viollet-Le- Duc, francés éste e inglés aquél, las dos grandes mentalidades que en el siglo pasado han influido de modo decisivo en la Arquitectura. Violet-Le Duc es el razonador y su "Gran Diccionario de la Arquitectura" es como la Biblia de los arquitectos, el libro que todos los profesionales deben consultar; en cambio Ruskin es el poeta; sus ideas produjeron una revolución en el gusto estético de Inglaterra y su obra maestra "Las Siete Lámparas de la Arquitectura" es fuente inagotable de inspiración*. En relación con las visitas que realiza por Galicia para conocer el país, alude en diversas ocasiones a la necesidad de acomodar el estilo de las construcciones modernas a la tradición y al ambiente de la localidad con el fin de evitar contrastes inharmónicos y estridencias de mal gusto.

Santiago.
Pórtico de la Gloria.

En Galicia la primera atención al románico se vio favorecida por la valoración que hizo del Pórtico de la Gloria y de la catedral de Santiago la erudición inglesa tras publicarse *Some Account of Gothic architecture in Spain* (1865) de George Street. Este arquitecto le dedica en este libro un capítulo completo a la basílica compostelana, ilustrado con un plano de planta y diversos grabados. Bajo la dirección de Domenico Brucciani, en el verano de 1866, se lleva a cabo el vaciamiento en escayola del Pórtico de la Gloria bajo encargo del museo South Kensington (Victoria & Albert) de Londres, donde permanece la reproducción obtenida. Esa valoración foránea, reforzó la aproximación a este estilo, en la que destacó el trabajo de archiveros como José Villa-Amil Castro, Antonio López Ferreiro y Manuel Martínez Murguía. Su trabajo se basó en la consulta documental con lo que superaban la aproximación subjetiva y nostálgica de los eruditos románticos. Palacios destaca a López Ferreiro, al que consideraba el más concienzudo crítico y historiador que ha tenido Galicia, tan abandonada antaño en estos como en tantos otros importantísimos aspectos merecedores de atento estudio. Destaca de la producción de Ferreiro el libro *El Pórtico de la Gloria, "joyel de la historiografía gallega"* que leyó "repetida y amorosamente". En octubre de 1928, en el solemne acto de presentación de su proyecto de reforma de los accesos a la catedral de Ourense, Palacios vuelve a mencionar la importante contribución de este archivero. Al primer acercamiento al patrimonio arquitectónico gallego contribuyeron también la Comisión de Monumentos Históricos y Artísticos de Ourense, la Real Academia Gallega y la Sociedad Arqueológica de Pontevedra, que funda en 1894 Casto Sampedro Folgar. Con algunos de sus miembros y con personalidades de la Real Academia Gallega estableció contactos el arquitecto porriñés. En el conocimiento del pasado Palacios estuvo atento a otros estudios que se efectuaban en ese momento, como el del arquitecto americano Kenneth John Connat sobre la parte medieval de la catedral de Santiago, que menciona en la memoria del proyecto del templo Votivo del Mar de Panxón. En un artículo dedicado a la iglesia burgalesa de Moradillo de Sedano alude a la obra alemana *Romanische Plastik in Spanien* (1928).

El estado de la recuperación de los estilos históricos debió determinar la preferencia de Palacios por las manifestaciones del medievo, tanto en estas visitas como en la incorporación de referencias en su obra de intención regionalista. Los estilos medievales, en especial el gótico, ya habían sido considerados como expresión nacional en Inglaterra, Alemania y Francia, frente al carácter más universal del clasicismo. La intensa mirada al románico, tanto urbano como rural, refleja también como ese estilo se había recuperado dentro de la erudición gallega. Esta serie de dibujos y bosquejos acercan una valiosa información sobre las fuentes de las que bebió el arquitecto en la definición de una arquitectura de intención regionalista y contenidos galaicos, de la que la casa consistorial de O Porriño es un ejemplo significativo, además de ser la primera obra construida en Galicia

Panxón.
Templo Votivo del Mar
y el antiguo arco visigótico, que
era el triunfal de la vieja iglesia.

igrexa..

Samos.
El monasterio en una imagen de *Vida Gallega*.
Abajo, claustro del monasterio de **Celanova**.

con esa intención. Esta obra fue acogida con complacencia como inicio de un camino hacia una expresión ligada a lo vernáculo. Ese carácter un tanto programático se refleja en el intento de que los planos del edificio porriñés acompañasen la primera exposición pública del *Álbum Nós* de Castelao en el Círculo de Artesanos de A Coruña en marzo de 1920. La recuperación del barroco fue más tardía y a ella contribuyó la publicación alemana *Historia del barroco en España* (1908), que se edita en castellano en 1924. En 1920 la revista *Arquitectura* dedica un número completo a este estilo. De la parte relacionada con Galicia se encargó Leopoldo Torres Balbás.

La atención de Antonio Palacios en estos recorridos se centró en los monasterios, catedrales, iglesias, castillos, ermitas rurales, pazos, etc., de los que realiza bosquejos, toma apuntes de plantas y alzados, anota datos de las medidas, dibuja elementos arquitectónicos y detalles decorativos, etc. La nómina de monumentos visitados con referencias en estos cuadernos abarca toda Galicia. Entre ellos se encuentran las catedrales de Ourense y Santiago de Compostela, los monasterios de Oseira, Samos, Monfero, San Clodio, Melón, Carboeiro, Montederramo, Lourenzá, Meira, Oia, Ribas de Sil, Meis, Celanova, etc. Los bosquejos y anotaciones relacionados con iglesias y ermitas, principalmente románicas, son muy numerosos: Santa María de Cambre; Castrelos, Bembrive y Coruxo en Vigo;

Vilanova de Lourenzá.
Monasterio de San Salvador.

San Martiño de Moaña, colegiatas de Baiona y Noia, Santa María de Pontevedra, San Xoán de Ribadavia, Santa Baia de Banga en O Carballiño, Parada en Nigrán, Santo Antolín de Toques, Santa Comba de Bande en Celanova, San Martiño de Mondoñedo en Foz, Santa María de Castrelo de Miño, San Martiño de Loiro en Barbadás y San Pedro de Moreiras en Toén, Vilar de Donas en Palas de Rei, San Pedro y San Xoán de Portomarín, Santalla de Bóveda en Mera (Lugo), San Miguel de Bréamo en Pontedeume, San Tomé de Serantes en Leiro, San Fiz de Solovio en Santiago, Santa María de Aguasantas en Allariz, etc. Presta también atención s pequeñas iglesias del rural, de las que Palacios debió apreciar la expresión singular y ruda que le otorgaba el noble granito.

La arquitectura popular capitaliza también una parte de la temática de los cuadernos con bosquejos de pazos y de sus elementos, de viviendas con patín, de casas del barrio de pescadores de Pontevedra, molinos, hórreos, soportales, balconadas, cruceros, tipos de ménsulas, etc. Están presentes también referencias a los sistemas constructivos tradicionales con apuntes de muros de cachote, cantería, almohadillados, etc. Esta mirada a la tradición constructiva está presente en su obra de intención regionalista. A la hora de dotarla de contenidos galaicos el granito fue un ingrediente básico y diferenciador, al ser un material reconocido como propio que contaba con una tradición milenaria, tanto en una presentación exquisita,

Ourense.

Escalinata de entrada proyectada por Antonio Palacios y, abajo, puerta sur. La propuesta del porriñés de nuevo acceso no prosperó y posteriormente se trazó la actual escalera.

como en la más popular de muros de mampostería o de perpiaño. Dentro del estudio que realizaba Palacios del medio en el que se implantaba cada una de sus obras, en la de acentos regionalistas, emplazada fuera del centro cosmopolita de la ciudad, se inclinó por la expresividad del tradicional muro de cachote, con el empleo de irregulares piezas de granito colocadas sin trabajar o con el imprescindible labrado. Un lenguaje en la que, al carácter arcaico de la referencia medieval, se sumaba la riqueza de texturas de la presentación bruta y ruda de la piedra. Este lenguaje estaba anunciado en 1918 en el proyecto, no construido, de la ermita de la Encarnación de Celanova: *Para esto, era necesario desposeer a su arquitectura de un aspecto alambicadamente urbano, que disonaría de la belleza libre de los campos. Por el contrario, las piedras sagradas informes, depositadas allí, con ardiente amor, con naturalidad y sencillez, como ofrenda santa, sin preocuparse de la diversidad de su tamaño, cuya medida habrá de darle las fuerzas materiales de el que las ofrende, contribuirá al carácter propio de los santuarios de nuestras montañas, continuando, así, la tradición de doce siglos de nuestra venerable arquitectura románica gallega [...] En este estilo, se inspira el santuario de Celanova, sin llegar a la inútil, por otra parte imposible, copia servil. Se recogen en el solamente las esencias de nuestro arte regional...* Ese lenguaje se muestra consolidado poco tiempo después en las edificaciones de la central eléctrica del Tambre, en especial en la 'nave de máquinas'. En febrero de 1932

Mera.

Santalla de Bóveda.

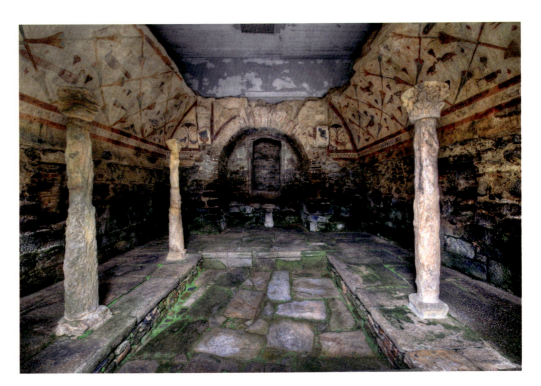

Vigo.
Convento de las Salesas Reales y pormenor de una puerta.

Antonio Palacios Ramilo retratado por el fotógrafo Ksado.

en carta a Jesús Espinosa anuncia la continuidad de esta experiencia en el templo Votivo del Mar de Panxón, en el que los potentes volúmenes y la expresividad de la piedra son protagonistas, en detrimento de la referencia decorativa neomedieval. En esa misiva, al comunicar que adopta las *características de nuestra arquitectura regional del siglo XII, señala que se inclina por un estilo de una sobriedad absoluta, en hiladas de alturas diversas, mampostería común para los elementos pasivos o de rellenos y aun para los elementos resistentes de ángulos, arcos, etc. La piedra tosca, de cualquier dimensión, de cualquier color y origen, con la cual si pueden aprovechar materiales de derribos, que, en su conjunto, darán un carácter más expresivo a la construcción, consiguiendo de paso la máxima economía deseada.* La importancia dada a la fuerte expresividad del rudo muro de mampostería gallego en la definición de esta parcela de la producción de Palacios se mantiene en el templo de A Veracruz de O Carballiño, en el monasterio de la Visitación de las Salesas Reales de Vigo y en el chalé de Celso Méndez en playa América (Nigrán).

La atención a la arquitectura popular más humilde está presente en las propuestas de barriadas obreras, como la de A Espiñeira de Santiago de Compostela, que después incluye

como modelo en el proyecto de Extensión y Reforma Interior de Vigo (1932). Están menos presentes las anotaciones relacionadas con los proyectos del propio arquitecto, aunque en los cuadernos aparecen dibujos vinculados al diseño de los templos de San Fausto de Chapela y de A Veracruz de O Carballiño, con la reforma de los accesos a la catedral de Ourense, trazado de la calle Galicia de Santiago y proyecto urbanístico de Vigo. En relación con este último destaca un apunte sobre la construcción de un viaducto en Rande, en el mismo lugar en el que se encuentra el puente actual. Esta propuesta se enmarca en el 'Plan Comarcal', una de las partes más destacadas de ese proyecto, al contemplar por primera vez en Galicia la ordenación de un territorio supramunicipal que se integraba en el desarrollo de la propia ciudad. Con cuyo objeto proponía la creación de veinte 'ciudades-satélite' que en la zona interior se situaban en los ayuntamientos de Mos, O Porriño y Gondomar y en la costa abarcaban el espacio situado entre Aldán y Baiona, pasando por Redondela y Arcade. Con el viaducto las 'ciudades-satélite' de la otra margen de la ría de Domaio, Moaña, O Con, Cangas, Aldán y Liméns quedaban insertadas en la nueva estructura comarcal.
Antonio Palacios toma también notas de la arquitectura militar medieval e incorpora

Mondariz.
Pormenor del castillo de Sobroso.
Abajo, el de **Monterrei.**

a estos cuadernos de campo bosquejos de elementos de los castillos de Castro Caldelas, Vilasobroso y Monterrei.

La atención de Palacios a la historia debió nacer en la propia Escuela de Arquitectura de Madrid, donde entró en contacto directo con los profesores Ricardo Velázquez Bosco, Manuel Aníbal Álvarez Amoroso y Arturo Melida Alinari que habían intervenido en la restauración de grandes monumentos españoles. En una entrevista concedida en 1918 consideraba a estos tres docentes como los preferidos de su etapa formativa. A Manuel Aníbal Álvarez lo reconoce en varias ocasiones como su maestro. Incluso lo hace en 1926 en el solemne momento de pronunciar el discurso de ingreso como miembro de la Real Academia de San Fernando. En alguno de sus textos, redactados cuando era un reconocido profesional, Palacios alude a visitas a monumentos realizadas en compañía de este antiguo profesor: *Visité, en cambio, hace unos pocos días el Monasterio de Sta. María de la Huerta, en ée alto Jalón, acompañando a mi maestro, wl más notable restaurador de monumentos de España, D. M. Aníbal Álvarez y lo encontré en tal estado, que considero el bellísimo monumento actualmente como una desdicha. Ansío, después de conocerlo y admirarlo, verle resucitado por la mano sabia del artista, que devolvió a la vida la Colegiata de Cervatos, a la iglesia de S. Juan de Frómista, a San Juan de Baños y a Santa Cruz de Toledo.* Esa devolución a la vida se efectuó mediante

Castro Caldelas.
Vista general del castillo.

una restauración en estilo inspirada en las teorías de Viollet-le- Duc, que en el caso de la iglesia de Frómista aplicó en exceso con lo que alteró el románico preexistente, como en su momento había censurado Gómez Moreno. Si bien, en algunas propuestas de Palacios está presente el rastro de este tipo de intervención, como sucede en el proyecto de reforma de los accesos a la catedral de Ourense y reposición del Pórtico del Paraíso (1927), en otros se inclina por el respeto por la ruina, como sucede con el arco visigótico de la vieja iglesia de Panxón (Nigrán), que propone conservarlo sin modificaciones.

En el deseo de conocer los estilos de su tierra, la actitud de Palacios no se diferenciaba de la que mantenían en esa época otros arquitectos como Lluís Domènech i Montaner y Josep Puig i Cadalfach que recorrieron la geografía catalana para tomar notas, apuntes y fotografías de la expresión del románico en esas tierras. Su contribución fue importante en el inventariado y valoración de este estilo y de su singular expresión en Cataluña. Puig i Cadalfach publicó con Antoni de Falguera y J. Goday Casals los tres tomos de la ingente obra *L'arquitectura romànica a Catalunya*. La intención de Palacios en sus recorridos por Galicia no fue la de elaborar un estudio sistemático de este estilo o de la arquitectura popular. Su forma de proceder se aproximó más a la que en Cantabria desarrollaba su compañero Leonardo Rucabado, líder del regionalismo montañés, fallecido prematuramente en 1918, a lo que

Panxón.
Capiteles que sostienen el arco visigótico.

Santiago.
Convento de Santa Clara y Casa del Cabido, dos ejemplos del barroco de placas.

el arquitecto y riguroso crítico Leopoldo Torres Balbás destacaba por estudiar concienzudamente *lo que se ha llamado arquitectura montañesa, es decir, los palacios, las torres, las casonas, las viviendas rurales de la provincia de Santander, pertenecientes a los siglos XVII y XVIII en su inmensa mayoría. Recorrió la región en todas direcciones muchas veces, examinando detenidamente estas construcciones; hizo innumerables fotografías, copió gran cantidad de detalles: molduras, cornisas, aleros, rejas, escaleras... Y cuando al cabo de tres años dedicados casi por completo a esta labor llegó a poseer un conocimiento profundo de la arquitectura montañesa de los siglos XVII y XVIII, el, que había sido un ecléctico en sus obras anteriores, de tendencias exóticas casi todas, volvió los ojos a la arquitectura regional, construyendo varios edificios inspirados en los antiguos que había estudiado...* Dentro del interés por la arquitectura de la montaña santanderina, prestó, como en el caso de Palacios, atención a la arquitectura rural y a los materiales propios. Como indica Nieves Basurto, Rucabado también valoraba la habilidad de los canteros montañeses, especialmente los de la comarca de Trasmiera.

En estos recorridos por Galicia está también presente la influencia del ambiente cultural que promovía el galleguismo, movimiento por el que el arquitecto sintió simpatía, si bien nunca asumió un compromiso político o ideológico, como lo hizo su compañero Manuel Gómez Román. La intensa mirada que el galleguismo dirigía al pasado en la búsqueda de las señales de identidad propia despertó el interés por la arquitectura histórica que llevó a descubrir la singularidad de algunos estilos al implantarse en tierras gallegas, como el románico o el barroco de placas compostelana. Tras la creación de las Irmandades da Fala en 1916 se intensificó el acercamiento al pasado que culmina con la creación del Seminario de Estudios Gallegos. Antonio Palacios no dejó de reconocer públicamente la intensa labor de investigación de los miembros de esta institución creada en 1923. Pocos años después, en noviembre de 1928, al proponer la creación de una gran revista que, con la cabecera *Galicia*, fuese vínculo de unión entre los gallegos desparramados por el mundo, el arquitecto porriñés indicaba: *El conocimiento de nuestra vieja, magnífica arquitectura nos trae cada día una nueva sorprendente revelación. En aquellos otros tiempos, un historiador o un arqueólogo eran considerados como extraños bichos raros. Allí tenéis, como contraste, el plantel del Seminario de Estudios Gallegos, en el que sabios maestros y animosos rapaces, escudriñan ansiosamente en los viejos papeles. Hoy se estudia con profusión la Prehistoria, en la que Galicia es plenamente rica y de cuya ciencia apenas se tenían noticias entonces.* Palacios consideraba que esta revista debería ser alta tribuna de poetas, escritores, artistas, historiadores, arquitectos, músicos, etc. En otros textos resaltó el importante e intenso labor de Ángel del Castillo López, tenaz investigador que recorrió la geografía gallega estudiando la arquitectura histórica, tanto de los espacios urbanos como rurales. En ese ambiente de potenciación de lo propio, a la visita de los monumentos gallegos por parte de eruditos y arquitectos, se sumaron un buen número de diletantes que contribuyeron a un mayor conocimiento de los mismos.

La orientación cultural adoptada por el galleguismo a partir de 1922 bajo la influencia de Vicente Risco y del grupo Nós, favoreció el acercamiento del arquitecto, que mantuvo contactos con destacadas personalidades de este movimiento como Ramón Cabanillas, Valentín Paz-Andrade, Otero Pedrayo, Castelao, Enrique Peinador Lines, etc. En el pensamiento de algunos de ellos estaba presente la atención a algunas de las etapas de la historia gallega en las que "el espíritu del pueblo" se había manifestado con fuerza. Otero Pedrayo señalaba cuatro períodos que simbolizaba con una manifestación artística, especialmente arquitectónica: "Para distinguir el valor y el significado de cada momento los podemos simbolizar en el dolmen de la gándara, en el poema o en el pórtico románico, en la torre barroca, en el verso de los Precursores". Por su parte Castelao aludía a la existencia de un arte gallego peculiar en el pasado que situaba en la cultura castreña y en las manifestaciones del románico y del barroco. Consideraba que existía un 'barroco gallego' diferenciado a lo que le otorgaba la categoría de 'estilo nacional'.

Los dibujos de Palacios muestran a un creador preocupado por cuestiones históricas en auge en su tiempo, como la arqueología, actividad de gran peso en el proceso de introspección en el pasado en la búsqueda de señales de identidad propia que validasen la personalidad diferenciada de Galicia. En estos cuadernos el arquitecto realiza anotaciones del dol-

Restos de construcciones en un castro.

Pobra de Trives.
Puente romano do Bibei.

men de Dombate en Cabana de Bergantiños, de la citania castreña de Santa Trega en A Guarda y de la necrópolis dolménica de San Colmado en Mos, situada a poca distancia de O Porriño. Uno de los bosquejos de este último conjunto arqueológico incorporado a estos cuadernos aparece después reproducido en un artículo publicado en la prensa viguesa con el sugestivo título: "*Por la Galicia Céltica...*". En otro escribe sobre la importancia de la fotografía aérea en la localización de yacimientos arqueológicos. Los cuadernos también incorporan anotaciones de monumentos romanos, como el Puente sobre el río Bibei (Pobra de Trives). Algunas noticias de prensa informan del uso de la fotografía en el acercamiento de Palacios a los monumentos. Desconocemos si fue una práctica habitual del arquitecto en los recorridos por Galicia la utilización de una cámara propia o bien correspondió a la actividad de algún acompañante. Por los medios escritos sabemos que Palacios empleó normalmente el proyector de diapositivas, tanto en conferencias relacionadas con la arquitectura histórica, como en la presentación de sus grandes propuestas edificatorias y urbanísticas. Como se comentó, la intención de Palacios al realizar estos recorridos por la geografía gallega no fue la de elaborar un estudio sistemático de algunos estilos históricos o de tipologías de gran arraigo en el medio rural, como los realizados por Vicente Lampérez en el contexto español, Cadalfach en Cataluña o Ángel del Castillo en Galicia. La aproximación al patrimonio de Palacios tiene un carácter emotivo, que lo lleva a fijar la atención en aquellas partes del monumento en las que percibe algo especial: la estructura arquitectónica, el trato

Santiago.
Hospital Real, hoy Parador de Turismo, uso hostelero que ya había propuesto Antonio Palacios en 1925.

de los materiales, la singularidad de la ornamentación o su hipotética galleguidad, como se comprueba en la serie de artículos derivados de estos recorridos que, con una intención divulgativa, publicó en *Vida Gallega, Faro de Vigo, El Pueblo Gallego, Galicia (Diario de Vigo), Céltiga, Estampa* (Madrid) y *La Construcción Moderna*. En ellos comenta aspectos históricos y artísticos del Hospital Real de la plaza del Obradoiro en Santiago, del Pórtico de la Gloria, de la catedral de Ourense y de su Pórtico del Paraíso, de los monasterios de Oseira y Armenteira, etc. En lo relativo a este último monasterio destaca en la iglesia la presencia de una singular bóveda que considera de inspiración musulmana, por lo que dedica una gran parte del artículo a analizar sus características, relaciones, orígenes, etc. En el dedicado al Pórtico de la Gloria se centra en el tratamiento estereotómico, al afirmar que era tan valioso desde el punto de vista estético como desde el técnico y constructivo, por lo que propone una serie de comentarios sobre la estructura arquitectónica, con el fin de contribuir a su estudio. Como en otras ocasiones, muestra claramente la emoción que sintió al contemplarlo: *¡Ah, sublime Maestro, no esperaba menos de Ti! Allí estaba patente, gritando ante el más ciego, la evidencia de que el Pórtico de la Gloria de Santiago, es, como os dije al principio, tan notable por su estructuración estereotómica, como por su primordial importancia iconográfica.*

En algunos casos el estudio del monumento llevaba implícita la propuesta de un nuevo uso, como sucede con el Hospital Real de la plaza del Obradoiro, que el arquitecto sugiere, en el artículo que le dedica en 1925, convertirlo en un lujoso hotel, como más tarde se hizo.

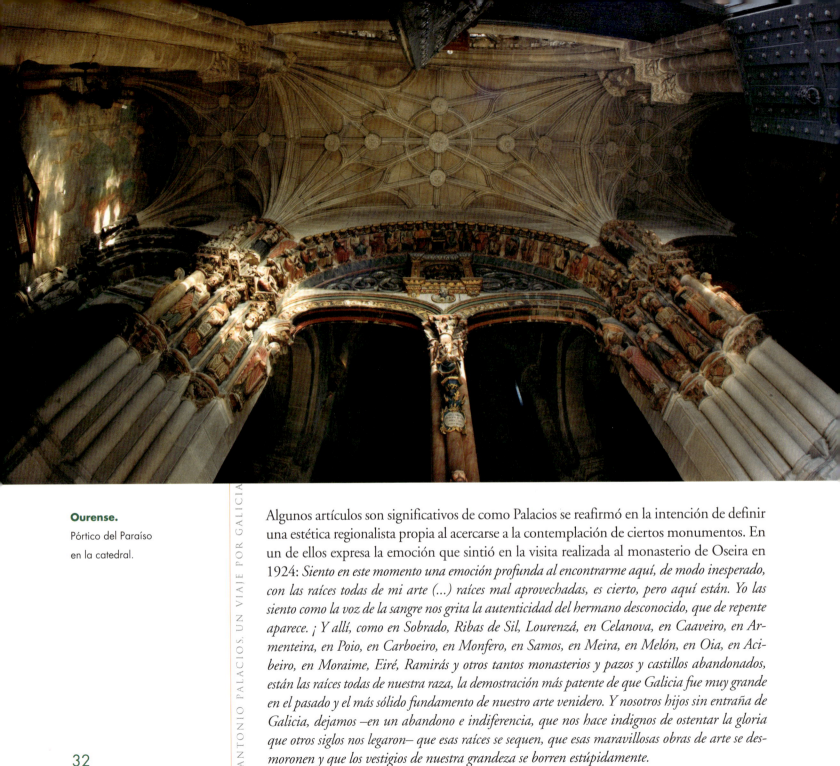

Ourense.
Pórtico del Paraíso
en la catedral.

ANTONIO PALACIOS, UN VIAJE POR GALICIA

Algunos artículos son significativos de como Palacios se reafirmó en la intención de definir una estética regionalista propia al acercarse a la contemplación de ciertos monumentos. En un de ellos expresa la emoción que sintió en la visita realizada al monasterio de Oseira en 1924: *Siento en este momento una emoción profunda al encontrarme aquí, de modo inesperado, con las raíces todas de mi arte (...) raíces mal aprovechadas, es cierto, pero aquí están. Yo las siento como la voz de la sangre nos grita la autenticidad del hermano desconocido, que de repente aparece. ¡Y allí, como en Sobrado, Ribas de Sil, Lourenzá, en Celanova, en Caaveiro, en Armenteira, en Poio, en Carboeiro, en Monfero, en Samos, en Meira, en Melón, en Oia, en Acibeiro, en Moraime, Eiré, Ramirás y otros tantos monasterios y pazos y castillos abandonados, están las raíces todas de nuestra raza, la demostración más patente de que Galicia fue muy grande en el pasado y el más sólido fundamento de nuestro arte venidero. Y nosotros hijos sin entraña de Galicia, dejamos –en un abandono e indiferencia, que nos hace indignos de ostentar la gloria que otros siglos nos legaron– que esas raíces se sequen, que esas maravillosas obras de arte se desmoronen y que los vestigios de nuestra grandeza se borren estúpidamente.*

En estas visitas Palacios comprobaría la situación desastrosa de alguno de los grandes monumentos del rural gallego. En 1931 le transmite a Casto Sampedro, de la Sociedad Arqueológica de Pontevedra, la preocupación por el mal estado de conservación del monasterio de Carboeiro, del que toma fotografías y notas para trazar las plantas y las secciones. Le comunica también la intención de realizar gestiones en Madrid para evitar los daños que en las fábricas provocaban las filtraciones de agua y la presencia de vegetación. Anteriormente, en 1917, había denunciado telegraficamente delante del director general de Bellas Artes los agresivos trabajos de limpieza de la fachada del templo de Santa María de Pontevedra. Desde Madrid reclamaron la intervención en el asunto del gobernador civil y tras la reunión de la Comisión de Monumentos Históricos y Artísticos se suspendieron las obras. En ese mismo año, en una salida realizada a Betanzos en compañía de los pintores Sotomayor y Llorens, con motivo de la celebración de la exposición de *Arte Gallego* inspeccionan y denuncian la construcción de una residencia de frailes con la que se tapiaba una de las fachadas laterales del monasterio de San Francisco y se derribaban también algunas capillas. Los tres artistas, en nombre de sus compañeros gallegos, remiten después un telegrama al director general de Bellas Artes en el que agradecen su intervención en la momentánea paralización de los trabajos. En 1924 el escritor Valle Inclán destacaba la decisiva intervención de Palacios en la conservación del pazo-torre de Bermúdez de A Pobra do Caramiñal al informarlo de los valores artísticos que poseía.

El interés de Palacios por la conservación de los grandes ejemplos del patrimonio gallego se ponen de manifiesto en un artículo que publica en 1925, con el significativo titular "*La conservación de nuestro tesoro artístico regional*" donde denuncia el escaso interés que despertaba la preservación de los grandes monumentos históricos y la exigua asignación que el Estado dedicaba a esta cuestión. Criticaba el poco peso de esta asignación en relación con el pago de nóminas de bibliotecarios y archiveros, *que son los encargados de custodiar los "papeles" que hablan de esos monumentos, los "monumentos" que hablan mucho más alto que los papeles, se cuajan en la mudez definitiva de la muerte…* Con relación a Galicia, además de lo anterior, la censura mencionaba también la ridícula cantidad que el Estado destinaba a instituciones relacionadas con el arte y con la cultura. Como ratifican estos cuadernos de campo, Antonio Palacios hablaba con conocimiento de la conservación de los monumentos gallegos. Al comparar su estado con los de otros lugares, se lamenta que en su tierra no se tratase con más cariño el patrimonio: *Al visitar por ejemplo los famosos monasterios catalanes de Poblet y Santa Creus –con los que Oseira puede parangonarse–, no sufrí esa dolorosa impresión que produce todo monumento que ante nuestros ojos se desgarra para morir. Allí como aquí, la total restauración es imposible, pero las naves, los claustros, los patios están desescombrados; los fragmentos caídos se disponen en artístico orden desordenado de museo; lanas techumbres están perfectamente atendidas, evitando el mayor enemigo de estos monu-*

Silleda.

Aguafuerte de la fachada de Carboeiro, de Castro Gil, en *La Esfera,* y pormenor del tímpano y arquivoltas.

Vigo.
Dos imágenes de Castrelos.

mentos que son las humedades; la custodia es perfecta. Ese dolor que ante la contemplación de los nuestros se produce, se torna en estos en impresión de dulce melancolía, invitadora al descanso, a la reflexión y acogedora de toda emoción artística. Sin llegar en todo ello al aspecto de cromo almibarado que presentan los de Inglaterra.

Antonio Palacios era consciente del importante papel que la prensa y las revistas gráficas desempeñaban en la difusión de los valores del patrimonio propio, por lo que reconoce la labor de Jaime Solá, director de *Vida Gallega*, al que destacaba por popularizar día tras día, *los tesoros de nuestra arquitectura, realizando un inapreciable bien a nuestra cultura regional*. También apreció en la temática de la pintura de Carlos Sobrino la incorporación de la imagen de las pequeñas iglesias dispersas por el campo gallego y de elementos de la arquitectura popular. En esa labor de la prensa el fotograbado se convirtió, a primeros del siglo XX, en un poderoso instrumento de divulgación y popularización de los principales ejemplos de la arquitectura histórica. Los artículos eruditos tenían un público muy restringido, mientras que la imagen con su comentario era de más fácil asimilación por amplios y heterogéneos sectores de la sociedad. La difusión de este tipo de imágenes fue especialmente intensa en las ediciones extraordinarias de la prensa gallega de 25 de julio y de primero de año. En el citado artículo sobre la conservación del patrimonio, el arqui-

Vigo.

Pormenores de Bembrive.

tecto reconocía la labor de los medios impresos: *Ahora esto va variando muy rápidamente por fortuna. Las semillas comienzan a germinar. Las revistas* Nós, Céltiga, Vida Gallega, Alfar, *los diarios, especialmente los de Vigo y A Coruña, publicando con frecuencia fotografías de nuestra riqueza monumental, los Ateneos, Universidad compostelana, Estudios Gallegos y otros centros y publicaciones son leídos o atendidos con despierta afición por la falange cada vez más numerosa de los entusiastas de nuestro arte regional.*

Además de los citados artículos, Palacios intentó divulgar la riqueza patrimonial a través de conferencias. En noviembre de 1931 en un acto organizado por la sociedad viguesa *La Oliva*, disertó sobre las iglesias románicas de Castrelos, Coruxo y Bembrive. El conocimiento adquirido sobre arquitectura popular está presente en una conferencia que pronuncia en octubre en el Círculo Mercantil de Vigo dentro de un ciclo sobre la personalidad diferenciada de Galicia organizado por el 'Grupo Autonomista Gallego' de Vigo, en el que participan Otero Pedrayo, Castelao, Cotarelo Valledor, Filgueira Valverde, Risco, García Martí, etc. Antonio Palacios, que fue presentado por Castelao, pronuncia la conferencia el 9 de octubre de 1930 bajo el epígrafe "*Aportación al estudio de la casa popular gallega*". En ella resaltó los invariantes propios de las construcciones tradicionales gallegas, fruto de la adaptación a lo largo de los siglos al clima, paisaje, materiales propios,

Palacios también estudia la figura animal y humana, escenas infantiles, ancianos, paisanos, etc. que se relacionan con su afición a la pintura. En la imagen, un cuadro suyo, actualmente en el Museo de Pontevedra.

etc. El arquitecto indicó la necesidad de que a ellos mirasen técnicos y artistas para mantener la tradición de un arte genuino, sin renunciar a los elementos de confort y higiene que exigía la vida moderna. En este aspecto Palacios también expresa públicamente su satisfacción por colaborar en la difusión de la arquitectura histórica de su tierra. Antes de las citadas disertaciones, señalaba en 1925: *Para él fomento de nuestra arquitectura pronuncié también una conferencia en el Ayuntamiento de A Coruña y preparé otras para las que he sido amablemente invitado en los Centros Gallegos de Barcelona y Madrid.*

Junto a la preocupación por la divulgación de los valores del patrimonio, aparece en las intervenciones de Antonio Palacios el interés por el fomento del excursionismo, como forma de acercamiento al patrimonio. Las sociedades de excursionismo habían nacido en el siglo XIX con la intención de conocer la naturaleza y la cultura propia en diversos aspectos, para, posteriormente, evolucionar hacia cuestiones relacionadas con el deporte y con el montañismo. En España la pionera fue *Associació Catalanista d'Excursions Científiques*, creada en 1876, que en 1890 se funde con la *Associació d'Excursions Catalana* para constituir el *Centre Excursionista de Catalunya*, que asumía entre sus actividades el estudio y protección de los monumentos históricos. A finales del siglo XIX también en Madrid se documenta la actividad de sociedades de excursiones interesadas en el conocimiento del entorno. Entre ellas se encontraba la *Sociedad Española de Excursiones* instituída en 1893 y la Sociedad para el estudio del Guadarrama, que nació en 1896 ligada a la Institución Libre de Enseñanza.

En el artículo sobre la conservación del patrimonio el arquitecto porriñés habla de crear una *Sociedad Gallega de Excursiones* análoga a las que funcionaban en Madrid, que podría ser una entidad autónoma o bien una sección de una institución cultural ya existente. La propuesta está directamente relacionada con la importancia que le otorgaba al conocimiento de los monumentos sobre el terreno: *Se comenzará por organizar como ensayo, un circuito de dos o tres días de duración, con un número limitado de inscripciones. Una comisión formada por tres personas, estudiará detalladamente el recorrido. Fijará los trayectos, la lista de monumentos que han de ser visitados, tiempo que habrá de invertirse en unos y otros, lugares en que habrá de pernoctarse y hacer las diversas comidas y finalmente fijará el precio total del billete de excursión...* Antonio Palacios pensaba que con este tipo de actividad *nos acostumbraríamos de la grandeza de nuestros monumentos; pero también sentiríais la nostálgica pena de su abandono y en ella os sumaríais a la santa cruzada de su resurrección triunfal.* En este contexto de una nueva percepción de lo propio en aspectos ligados a la geografía, paisaje, patrimonio arquitectónico, historia, arte, etc. se produce en 1926 la publicación de la primera edición de la afamada *Guía de Galicia* de Ramón Otero Pedrayo que, después de abordar los citados aspectos, dedica la segunda parte a propuestas de recorridos por el país. En el afán por difundir a través del excursionismo los valores de su tierra, Antonio Palacios

O Porriño.
El arquitecto describe las formas de las peñas de los montes cercanos personificándolos y dándole vida.

asume también la singularidad del paisaje gallego y de algunos lugares peculiares. En 1930 publica un amplio artículo en *Faro de Vigo*, bajo el epígrafe "*La ciudad encantada de Montefaro*", donde describe las formas de las peñas de los montes de O Porriño, a los que personifica y da vida mediante dibujos realizados en este tipo de salidas que se comentan. Intercalados con los bosquejos y anotaciones sobre elementos del patrimonio arquitectónico, a lo largo de las páginas de estos cuadernos de campo aparecen una serie de estudios de figura animal y humana, en especial de escenas de niños, ancianos, paisanos, etc. que se relacionarían con la afición a la pintura del arquitecto. También se localizan apuntes de paisajes urbanos y rurales, estampas costumbristas o escenas de romerías. De estas últimas destaca la de A Saínza en el ayuntamiento de Rairiz de Veiga. De la afición de Antonio Palacios a la pintura, y de su práctica, existen numerosas referencias, como los cuadros depositados en el Museo de Pontevedra, monasterio de Poio y en alguna colección privada. Esa actividad la llevó a cabo en la esfera privada, si bien en 1912 presenta un cuadro a la exposición de *Arte Gallego* celebrada en Madrid. En un artículo publicado en la revista *Arte Español* el pintor Manuel Bujados menciona esta participación: *El acertado director de esta instalación maravillosa, mariposea con fortuna alrededor de la pintura, presentando un paisaje jugoso de color y amplio de factura.* Valentín Paz Andrade comentaba como algunas de las

Campesinas, cuadro de Fernando Álvarez de Sotomayor, a quien vemos a la derecha, y al que Palacios dedicó el primer artículo de los muchos que publicó en la prensa gallega..

tertulias en los que participaba su amigo en Madrid tenían lugar en las salas de exposiciones: "*Delante de los cuadros colgados en las salas, cuando el pintor prometía o tenía valor cuajado, el saber pictórico de Antonio llenaba los meandros de la conversación. No era un crítico fácilmente contentadizo. Más nos parecía dado al rigor, salvo que quien había expuesto había apuntado facultades positivas, de las que se pudiesen esperar frutos escogidos*". Revelador de la vinculación de Palacios con el mundo de la plástica es el hecho de que el primer artículo de la larga serie que publica en la prensa y revistas gallegas, lo dedique a la pintura de su amigo Fernando Álvarez de Sotomayor y no a un tema arquitectónico o urbanístico. Cuadros de Sotomayor y de otros artistas como Llorens, Chicharro colgaban de las paredes de su estudio madrileño en la calle Nicolás María Rivero.

Antonio Palacios participó activamente en la promoción de una plástica peculiarmente gallega, que había nacido como respuesta a la demanda de vincular la producción artística a lo vernáculo, en el contexto del ambiente cultural promovido por el galleguismo. En la búsqueda de una estética 'de raíces gallegas' se sumaron un numeroso grupo de artistas como Sotomayor, Asorey, Llorens, Carlos Sobrino, Seijo Rubio, Bello Piñeiro, Juan Luis López, Abelenda, Corredoira, etc. La respuesta dada por la pintura fue conservadora y acomodaticia dentro de un costumbrismo amable centrado en una temática que no reflejaba la realidad de Galicia, sino aspectos del paisaje, estampas con pescadores o campesinos, escenas de romerías y ferias, atuendo tradicional, calles y monumentos, etc. Los propios cuadernos de campo de Palacios muestran en parte esta temática, si bien la presencia de elementos arquitectónicos del patrimonio es mayoritaria.

En la difusión de la estética regionalista tuvieron una sustancial incidencia la serie de exposiciones colectivas de *Arte Gallego*, abiertas entre 1912 y 1928 en las ciudades de A Coruña, Santiago de Compostela, Vigo, Madrid, Montevideo y Buenos Aires. La primera se inauguró a principios de mayo de 1912 en el Centro Gallego de Madrid y en ella tuvo una destacada intervención Antonio Palacios, que se encargó en solitario de la instalación. Su trabajo fue reconocido con el nombramiento de socio de honra del citado centro, que después preside en 1919. En la entrevista, ya citada, que en 1918 concede a Correa Calderón recordaba su trabajo en los preparativos de esta muestra: *¡Qué lucha para obtener el éxito obtenido. La instalación urgía, pues Su Majestad se había dignado ya señalar la fecha de la inauguración. El Centro no abundaba en millones, como sus hermanos de Buenos Aires y La Habana. Yo, absolutamente sólo, tenía que hacerlo todo; era electricista, colgaba los cuadros, clavaba las telas...*"

En la segunda exposición colectiva de *Arte Gallego*, que en verano de 1917 abre sus puertas en el pazo municipal de A Coruña, vuelve a participar directamente Antonio Palacios con Sotomayor y Llorens que presentan la iniciativa a las autoridades municipales y más tarde forman el comité organizador, en el que también se integran el arquitecto Rafael González Villar y el pintor José Seijo Rubio. La celebración de la muestra, con la exaltación de la plástica regionalista, facilitó una reunión de artistas, escritores y arquitectos presidida por Palacios, en la que estuvo presente la cuestión de la búsqueda de una arquitectura regionalista con la propuesta de creación de una asociación *de defensores del arte gallego, encargada de velar por la conservación de los monumentos antiguos y encauzar la construcción de los modernos.* Esta cuestión estaría detrás de un recorrido que efectúan Sotomayor, Llorens y Palacios por Pontedeume, Ferrol y Betanzos. En esta última localidad comprobaron las citadas y controvertidas obras del convento de San Francisco. El periodista Alejandro Barreiro afirmaba que Palacios preparaba en 1917 otra exposición con sus compañeros para determinar *el verdadero carácter de la arquitectura civil de Galicia*. La prensa coruñesa destacó la actividad del arquitecto porriñés en su estancia en la ciudad: *Vino a Coruña Palacios para sumarse a obra tan culta y desinteresada como la sorprendente Exposición que*

Cartel de Máximo Ramos para la Exposición de 1909 y las fiestas de Santiago.

organizó con los ilustres Llorens y Sotomayor. Y no se estuvo quieto un solo momento: convocó a los arquitectos y a los artistas en general para formar una asociación cuyas bases remitirá desde Madrid; estudió nuestro pueblo y sus necesidades más urgentes, para las cuales su perspicaz talento haya posible solución; visitó los monumentos más notables del contorno y en todas partes sembró actividad, confianza y aliento. En un momento de efervescencia del galleguismo en el plano político y cultural, tras la creación de las *Irmandades da Fala*, y después de comprobar personalmente el éxito del certamen coruñés, Antonio Palacios traza, en el año 1918 y 1919, los proyectos de la ermita de la Encarnación de Celanova y de la casa consistorial de O Porriño, los primeros de su obra de intención regionalista.

Palacios vuelve a integrarse en el comité organizador de la tercera exposición de *Arte Gallego* que en julio de 1923 se instaló en el Casino de Santiago de Compostela y después, en el mes de agosto, se trasladó a Coruña. En el citado comité estaban presentes, entre otros, Llorens, Sotomayor, Fernández Flórez, García Martí, etc. Paulatinamente la arquitectura se hizo más visible en estas muestras. En la base novena de la convocatoria se señalaba: *Los trabajos de la Sección de Arquitectura podrán referirse a construcciones antiguas o modernas, recomendándose especialmente aquellas que sean menos conocidas, con el fin de aportar cuantos elementos sea posible a la formación de un catálogo arquitectónico de la región. Para reunir la mayor cantidad de datos acerca de un monumento deberán acompañar a los gráficos corrientes, tales como plantas, secciones, alzados en proyección, detalles en color, etc., fotografías de los principales elementos.*

La presencia de bosquejos y proyectos de arquitectura se incrementó en la muestra de *Arte Gallego* que se inaugura la finales de agosto en la Escuela de Artes y Oficios de Vigo. En ella, Gónzález Villar presenta varios trabajos. En la de 1926 de Santiago de Compostela vuelve a presentar dibujos y acuarelas de tema arquitectónico. Acude también con obra a la celebrada en el Palacio del Retiro de Madrid, en la que Palacios, como parte de la estética regionalista, presenta los planos de la ermita de la Encarnación de Celanova, no construida. Palacios, Llorens y Sotomayor, aparecen en estas años vinculados a proyectos expositivos en los que consideraban debía estar presente Galicia. A finales de 1924 firman en la prensa gallega una petición para que su tierra pudiese tener una representación en el certamen del 'traje regional' organizado en Madrid. Palacios se encargó de la ambientación de la delegación gallega, a la que intentó darle un carácter singular con una referencia al románico presente en la reproducción en escayola de un pórtico y del tramo de un claustro. Esa preferencia por el románico, presente en su obra gallega, aparece de forma reiterada en los cuadernos de campo. En la ambientación colaboró también Francisco Llorens que pintó un paisaje de las Rías Baixas y una estampa de Compostela. Antonio Palacios expresó públicamente el orgullo por su participación en la promoción de la estética regionalista, tanto en el campo de la plástica como en el de la arquitectura: *Yo por mi parte no tengo porque*

O Porriño.
El ayuntamiento ideado por Palacios, en la página anterior y, arriba, el antiguo en el mismo solar.

En la muestra celebrada en Madrid en 1925 sobre el Traje Regional, Palacios ambientó el pabellón gallego con referencias al patrimonio arquitectónico.

ocultar, al contrario lo digo con orgullo, que he contribuido en todo lo que me ha sido posible a ese resurgimiento, organizando, solo, la primera Exposición de Arte Gallego en Madrid y con la inapreciable colaboración de Sotomayor y Llorens, la memorable Exposición de La Coruña y otras en América. Ahora con ellos también trabajo en la interensantísima exposición del Traje Regional, próxima a celebrarse en la Corte y que esperamos que sea un éxito para nuestra tierra.
Palacios se interesó también por la búsqueda de lugares estables de exposición del arte gallega. En el artículo sobre el Hospital Real de la plaza del Obradoiro propone reservar con esa finalidad uno de los patios interiores que, como el resto, quedaría habilitado mediante estructuras metálicas con cristal. En el año 1929, Palacios, junto a Álvarez de Sotomayor, apoya delante del Ayuntamiento de Santiago la apertura de una muestra permanente en el pabellón de la Alameda que el mismo había proyectado en 1908. Las autoridades municipales ceden el inmueble al Patronato Nacional de Turismo, lo que permite en agosto de 1930 abrir una exposición permanente organizada por el pintor Juan Luis. Como representante de la Real Academia de San Fernando, Palacios se integró en 1935 en el patronato del Museo de Castrelos, que en esta fase de organización se orientaba hacia la exhibición del 'arte regional'. Palacios y Sánchez Cantón realizaron el primer proyecto de distribución de salas que remiten desde Madrid ese mismo año. Personalidades del

Vigo.
Teatro García Barbón donde el arquitecto escogió la delicada talla de la piedra.

galleguismo, Valentín Paz Andrade, resaltaron la contribución de Palacios a la promoción de una plástica de raíces galaicas: *"El adviento de la nueva pintura gallega le inspiró desde el inicio esperanzas bien fundadas, que lo llevaron a participar en la promoción de un arte en el que la imagen de Galicia tenía que ser lograda con gloria"*.

El contacto con el medio que reflejan los cuadernos de campo se manifiesta en su creación gallega en el interés por los materias propios del lugar, en el que el granito ocupa un lugar prioritario. El arquitecto porriñés exhibió la piedra en todas las variedades expresivas, desde el primitivo y rudo muro de mampostería hasta la delicada presentación labrada, como muestran las fachadas del teatro García Barbón de Vigo. El aprecio que sintió por la milenaria tradición de la cantería estuvo presente en la valoración de algunos monumentos visitados, a los que por esta causa les otorgaba un estatus de 'galleguidad'. En el artículo dedicado al Pórtico de la Gloria, además de considerar que era tan notable por su estereotomía cómo por su riqueza iconográfica y escultórica, resaltaba dentro de sus valores el excelente manejo del granito: *Su genuino galleguismo, queda identificado también, una vez más, por la sabiduría que resalta en el manejo del corte de piedras –habilidad que perdura en nuestros maestros canteros hasta nuestros propios días– y las sagaces precauciones adoptadas en los más menudos detalles constructivos.*

O Porriño.
Las escuelas Fernández Areal y la fuente del Cristo, en la siguiente página, ejemplos de proyectos altruistas del arquitecto gallego.

Antonio Palacios fue el descubridor y primer defensor de las variedades rosa y gris del granito de las canteras porriñesas. Esta piedra de grado grueso y notable dureza no permitía la virtuosa viruta por lo que no era apropiada para las ornamentaciones del eclecticismo, modernismo, historicismo, etc., por lo que solo era empleado en el cierre de fincas, postes para viñedos y humilde arquitectura popular, así como para la fabricación de adoquines, para pavimentar las calles de Vigo y de otras localidades gallegas. Palacios se entera de las posibilidades expresivas de este material con una presentación pulida brillante y, hacia el año 1910, lo incorpora, en una variedad próxima a las porriñesas, en las columnas del Pabellón de la Fuente del Balneario de Mondariz. Poco tiempo después deja constancia de las posibilidades de este material en el pórtico de acceso al edificio del Concello do Porriño, donde, con un acabado menos brillante, trata cada columna de forma diferente incorporando diversas variedades de granito del entorno. El arquitecto influiría en su primo Octavio Ramilo Portela, que fue el pionero de la hoy importante industria del granito, al proceder, en 1929, al serrado de un primer bloque procedente de las canteras de Atios en los talleres que tenía en la calle Areal de Vigo, donde comenzó la producción de aplacados pulidos a todo brillo.

La intención de Palacios al recorrer la geografía gallega no fue la de aprovisionarse de citas con las que elaborar un producto arquitectónico de fácil lectura. El contacto que establece con la historia sirvió de pretexto para realizar una obra altamente creativa y de carácter personal. Solamente en momentos muy puntales se percibe un cierto contacto con el pasado, como acontece en el tratamiento del espacio del altar mayor y deambulatorio de A Veracruz de O Carballiño que recuerda el de la iglesia del monasterio de Oseira. Lo habitual fue optar por una interpretación original, libre y fragmentada de la historia como se comprueba en su obra regionalista. Una obra de autor fácilmente reconocible como la de otros grandes creadores como Gaudí o Richardson. El interés por su tierra, que reflejan estos cuadernos, se manifiesta en la redacción totalmente gratuita de muchos proyectos gallegos: fuente del Cristo, escuelas Fernández Areal y casa consistorial en O Porriño, templos de Panxón y O Carballiño, Rúa Galicia de Santiago de Compostela, etc. En 1928, en la presentación del citado proyecto de reforma de los accesos a la fachada occidental de la catedral de Ourense, se mostraba orgulloso de trabajar de forma altruista para su tierra: *Al hacer yo estos trabajos sin retribución alguna, lo hago por cariño y por amor a mi tierra. Los gallegos tenemos una deuda con nuestra tierra. Al nacer de la raza gallega hemos adquirido unas cualidades sin poner nada de nuestra parte y por ello debemos devolver algo de esas cualidades a la tierra de quien las hemos recibido.*

ESTAMPAS

O Porriño.

Horreo en Rozadas, Budiño. Derecha, alzado frontal y, abajo, alzados derecho e izquierdo.

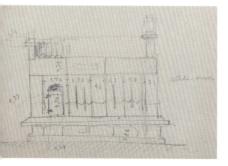

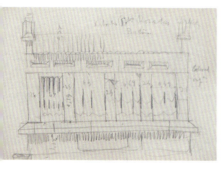

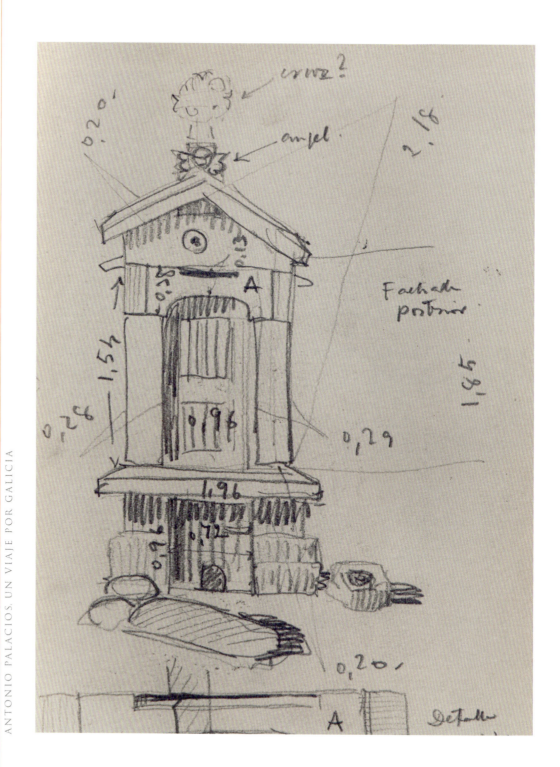

O Porriño.

Horreo en Rozadas, Budiño.
Alzado posterior y, abajo,
planta y sección.

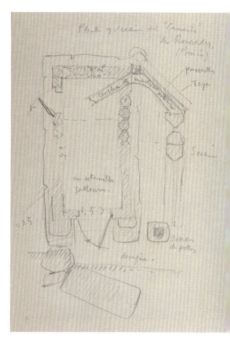

Si bien fue
preferente su atención
al medievo, Palacios
no dejó de tomar nota
de cualquier manifestación
artística.

O Porriño.
Fachada lateral
del pazo de los Correa
en Rozadas, Budiño.

Estela funeraria romana de Atios
que también recogió Castelao
en *As Cruces de Pedra*.
Los cuadernos de campo
de Palacios confirman
la atención a la arquitectura rural
que se percibe en su obra
de intención regionalista.

Ponteareas.

Peñas colosales en San Cibrán. La relación con el granito, que debió establecer en la infancia, repercutió en su obra.

Ponteareas.
Paisaje en San Cibrán.

Palacios sintió fascinación por la forma de las peñas graníticas que personificó como seres mitológicos en el artículo *"La ciudad encantada de Montefaro"* que ilustró con dibujos parecidos a estos realizados en los montes de los alrededores de O Porriño.

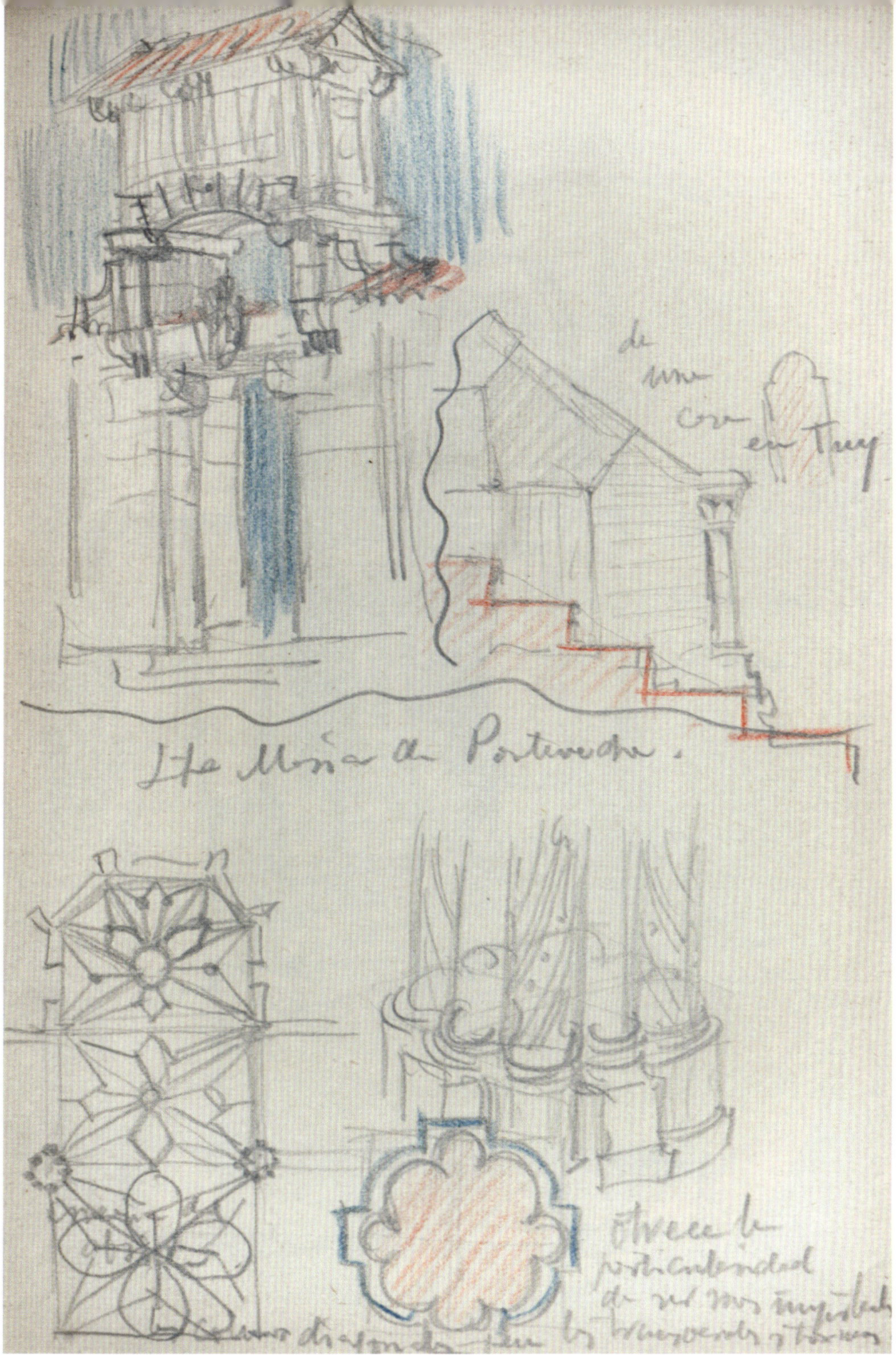

Tui.

Hórreo en el portal de acceso al patio de una casa. La capacidad de observación de Palacios se refleja en la anotación de detalles singulares.

Pontevedra.

Nervios, sección y basamento de los fustes de Santa María, iglesia que ya debió conocer en sus tiempos de estudiante de bachillerato.

Oia.

Nervios bajo el coro y capitel del claustro del monasterio de Santa María la Real.

Cea.

Nervios de la bóveda de estilo inglés de Santa María la Real de Oseira.

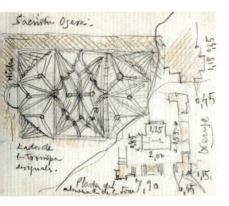

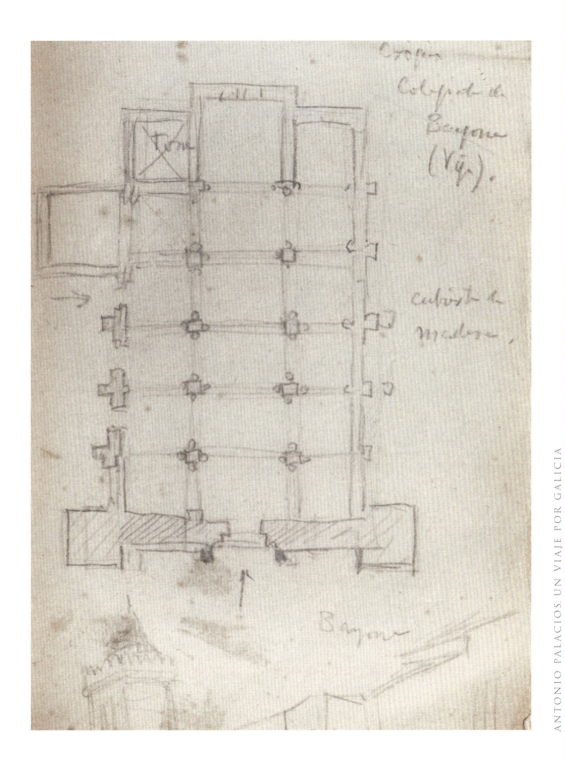

Baiona.

Planta de Santa María, románico ojival del siglo XIII, fue colegiata desde 1482 a 1850. Sobre la importancia que Palacios le daba a las visitas a los monumentos, escribía en 1925: *"…Hablar de nuestro tesoro artístico regional, es, en suma, inventariar nuestra riqueza del pasado y la conservación de nuestra arquitectura, es la conservación de todo nuestro arte tradicional"*. Toma notas de su planta basilical de tres naves con ábsides rectangulares.

Nigrán.

Capiteles de la iglesia de Santiago de Parada (s. XIII) tardorrománico rural. Aunque con la nueva fachada principal levantada sobre el año 1835 y añadidos en la sur, conserva en el resto la fábrica románica.

Ventana del muro norte desde el exterior.

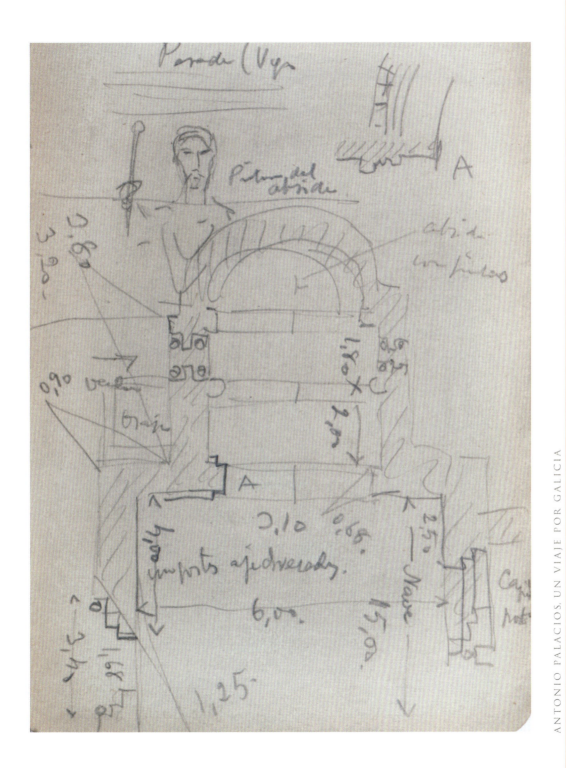

Nigrán.

Iglesia de Santiago de Parada. Planta del ábside y otros apuntes sobre ornamentaciones y pinturas murales del ábside del s. XVI, hoy perdidas.

Nigrán.

Iglesia de Santiago de Parada, pila bautismal y otros pormenores. Abajo, detalle en el remate de una jamba de la portada principal.

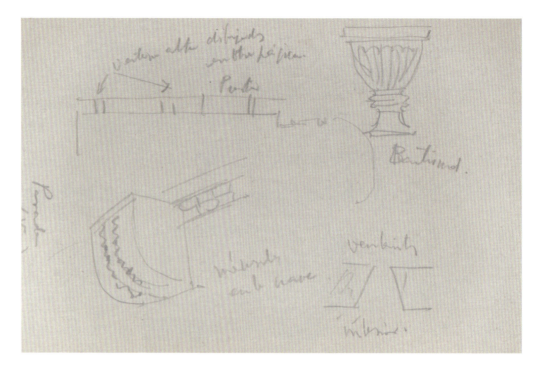

Nigrán.

Iglesia de Santiago de Parada. Pormenores: canzorro, arco de la ventana y cruz.

En la otra estampa importante anotación sobre la temática de las pinturas: *"Es extrordinario el parecido de esta figura con la del Bautista en el fresco del cementerio de Pontien (fig. 125) de* L'archéologie chrétienne de Perate*"*.

Mos.

Dolmen en Cela.

Este dibujo del dolmen situado en ek recinto del Mercantil en Mos, lo mejoró y lo reprodujo como ilustración en su trabajo *"Por la Galicia Céltica. Una ciudad de hace tres mil años a media hora de Vigo"*.

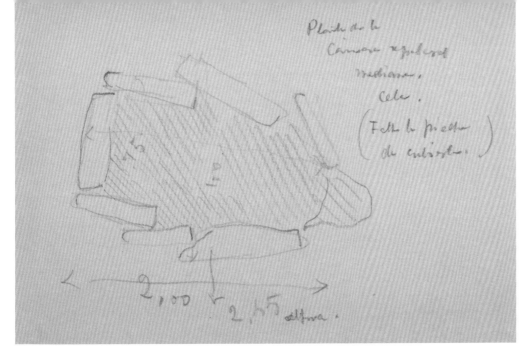

Mos.

Dolmen en Cela.
Bosquejos de la necrópolis de Cela, que al igual que el de la página anterior, fueron base para las ilustraciones del citado artículo.
El de la parte inferior fue reproducido casi exactamente.

Mos.

San Pedro de Cela,
fachada occidental.
Palacios se pregunta si la imagen
del patrón no será románica
a pesar de estar inscrita
en un estilo neoclásico,
considerando, además,
que la iglesia primitiva fue
de un monasterio fechado
a comienzos del s. VII.

Casa gallega de ciudad y apuntes de una procesión.

Vigo.

Capitel de la puerta oeste o principal de la iglesia románica de Santiago de Bembrive de finales del s. XII.

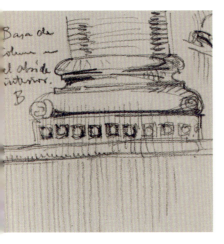

Pormenor de la basa en el ábside interior.

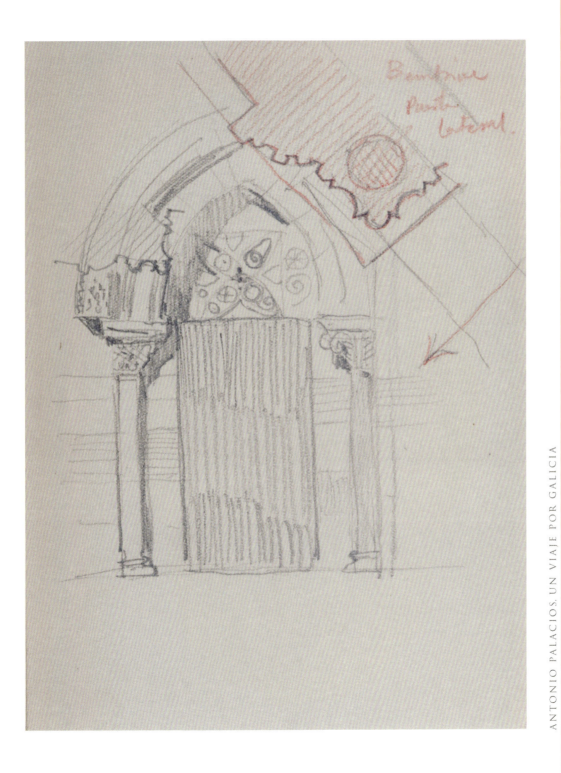

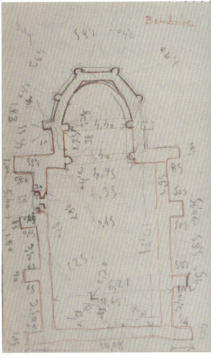

Vigo.
Santiago de Bembrive.
Puerta norte y planta de una
sola nave con ábside
poligonal,
muy poco frecuente
en el románico gallego.

Vigo.
Santiago de Bembrive,
canzorros.
Abajo, pila bautismal.

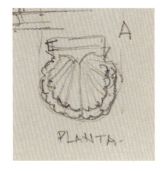

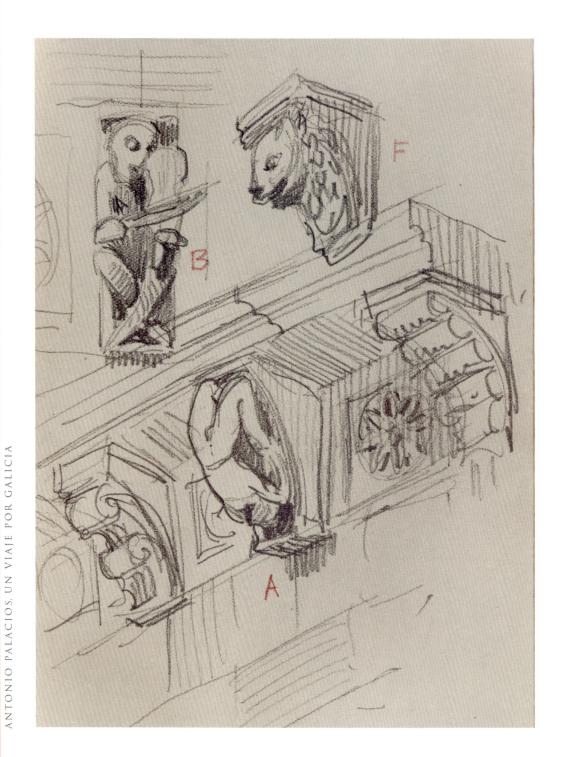

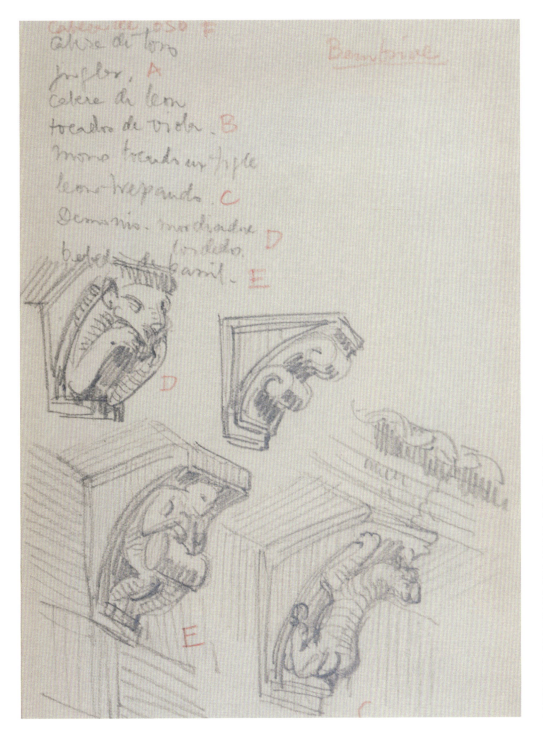

Vigo.
Santiago de Bembrive, canzorros.
Apuntes del arquitecto: A: *juglar;* B: *tocador de viola;* F: *cabeza de oso;* C: *león trepando;* D: *demonio mordiéndose los dedos;* E: *bebedor de barril...*

Vigo.

Iglesia románica de Castrelos. Perspectiva desde el ábside. En 1918, Jaime Solá, director de *Vida Gallega,* da cuenta de la visita que hace a esta iglesia en compañía de los hermanos Antonio y José Palacios. Al primero le llama "arquitecto artista" y al segundo, boticario en O Porriño, "artista literato". Abajo, apunte de Santa María en Noia.

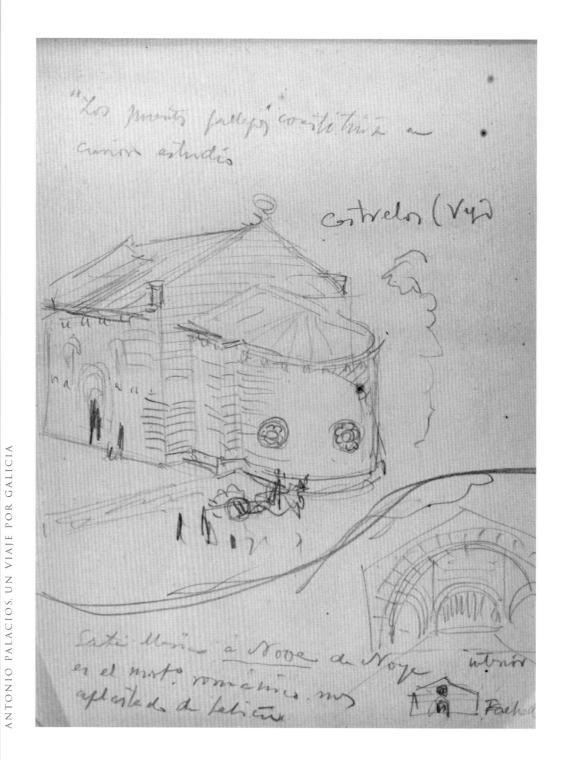

Vigo.
Santa María de Castrelos. Pormenor de la planta del ábside y alzado de la puerta sur que, cuando Palacios realiza el bosquejo, estaba cegada.

Vigo.

Portada de acceso al pazo de San Roque. Palacios fija la atención en el vano de entrada y en la venera superior que acoge un sobre con lacrado central. Este motivo responde a que Diego Quiroga, señor del pazo, se había casado alrededor del año 1732 con Mª Antonia Bermúdez de Castro, viúda de Nicolás Rodríguez, administrador de Estafetas Reales en el reino de Galicia, excepto en la provincia de Tui y partido de Pontevedra.

Vigo.

Arco del pazo de San Roque. Desde la zona privada de residencia permitía el acceso diferenciado de la familia a la capillla, donde había un espacio reservado en la tribuna. Abajo, bosquejo de un verraco tomado en Coruxo y un hórreo.

Moaña.
Casas marineras con patín. En 1930, Palacios diserta en el Mercantil de Vigo y destaca la presencia de una arquitectura singular en Galicia que en el tiempo se adaptó al clima, con materiales propios, y a las necesidades de los habitantes.

Cangas. Casas.

Moaña.

San Pedro de Domaio.
A su prominente torre
de traza barroca del siglo XVIII,
el arquitecto la consideraba
ejemplo de formidable
galleguismo barroco.
Abajo, lintel en forma
de tímpano, en la portada norte
de la iglesia de San Martiño.

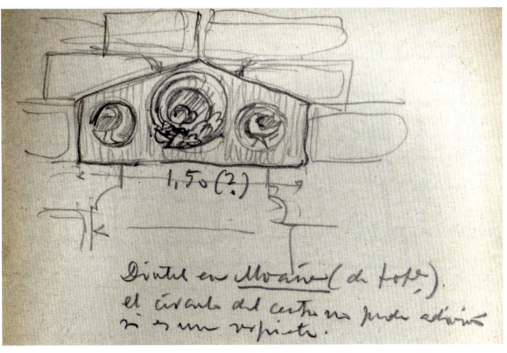

Vilaboa-Redondela.
Puente de Rande.
En 1932 contempla, en el mitificado proyecto de Extensión y Reforma Interior de Vigo, la construcción de un viaducto en Rande en el lugar donde está ubicado el actual puente. La idea ya aparecía esbozada en 1920 en un artículo publicado por Palacios arquitecto en la prensa viguesa.

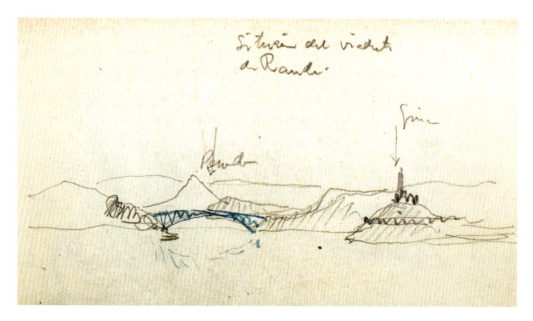

Redondela. Casa.
La mirada que dirije hacia la arquitectura popular se intuye en su obra, como en las peculiares solanas que utiliza en el chalé Sileno de Praia América y en la casa rectoral de Panxón.

Mondariz.

Castillo de Vilasobroso.
El interés por el medievo
se manifiesta en los bosquejos
que realiza de los castillos
gallegos que visita.
Arriba a la izquierda,
apunte de *mitra en relieve de
plata sobre corcho y terciopelo.*

Ponte Caldelas.
Hórreo en Forzáns.
Al realizar los bosquejos incorpora notas de elementos que le llaman la atención, especialmente los relacionados con la cantería. En este caso la estereotomía de los muros frontales y la solución del remate del piñón constituído por tres grandes piedras.

Soutomaior.
Óculo en la capilla de Aranza.

Fornelos de Montes.
Chozo, cabaña de pastores.
En su obra gallega acentuó
la brutal expresividad
del humilde muro
de mampostería.

Pontevedra.

Apuntes del barrio marinero de A Moureira de Abaixo, con casas que destacan por el remate en hastial y considera de tipo nórdico europeo (Bélgica, Holanda, etc.).

Pontevedra.

Pormenor de Santa María a Grande, la iglesia marinera por antonomasia, que luce una hermosa fachada plateresca. En 1917 Antonio Palacios denunció ante el Director General de Bellas Artes los agresivos trabajos de limpieza que recibía, por lo que fueron suspendidos.

Covelo.

Barcia de Mera, muro de perpiaño y, abajo, molinos de cantería "ciclópea". Con el fin de dotar su obra de una expresividad primitivista Palacios miró hacia el tradicional muro de mampostería gallego.

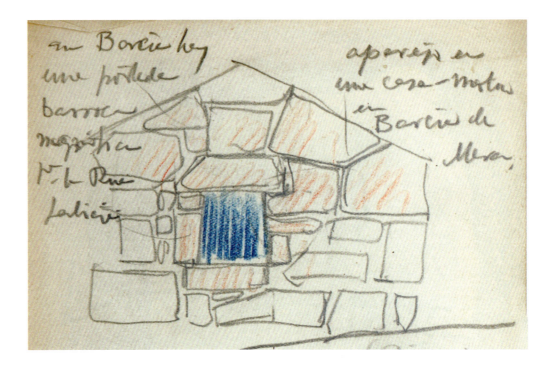

Poio.

Casa y, abajo, mampostería en el basamento de un horreo, ambas en Combarro.

La presencia de soportales en el medio urbano interesó a Palacios, que respetó esa disposición al proyectar el edificio del Concello de O Porriño.

Meis.

Santa María de Mosteiro, iglesia románica del s. XII, Bosquejo del ábside y pormenor de una de las ventanas.

O Grove.

Joven en la playa de A Lanzada. Algunos de los bosquejos se sitúan en la línea costumbrista de la plástica gallega de las primeras décadas del siglo XX.

Barro. Crucero.

Cambados.
Pormenor de Santa Mariña.

Caldas de Reis.
Rúa Real en la que bosquejó
las casas con soportal,
de las que se conserva una.

Cuntis. Casa.

Silleda.

Crucero de Taboada e iglesia románica de Santiago del s. XII con el añadido de una espadaña barroca.

Silleda.
Pormenores del monasterio de Carboeiro. Palacios tomó fotografías y apuntes en 1931 con el fin de hacer gestiones en Madrid que impidiesen el progresivo deterioro del monumento.

Vila de Cruces.

Portada norte de la iglesia románica del Divino Salvador de Camanzo. En el tímpano un *Agnus Dei*.

Bosquejo de cimacio y ábaco en un pormenor de un capitel.

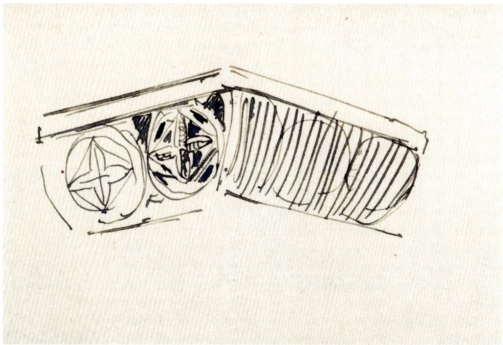

Padrón.
Exedra de Rosalía de Castro en los jardines de la casa-museo de la escritora.

Rianxo.
Rúa de Abaixo.

Noia.

Capitel y fuste, posiblemente del claustro de Toxosoutos, ahora en el pazo Pena do Ouro, en Obre.

Noia.
Bosquejo y planta del soportal de arcos ojivales de la Casa da Xouba.

Noia.

Molino en el Puente de Traba, abajo, Santa María a Nova.

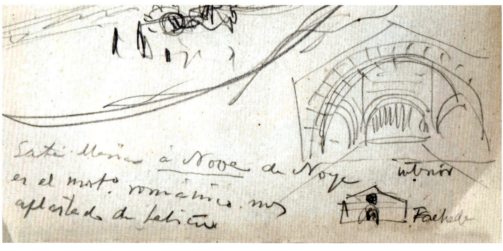

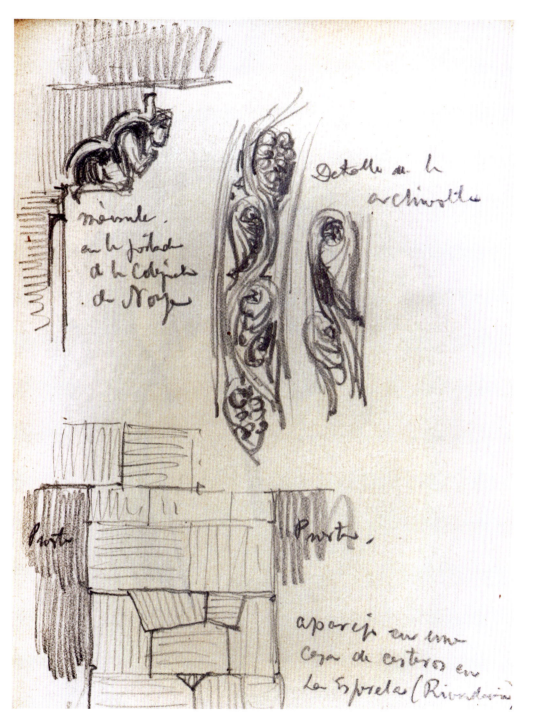

Noia.
Pormenores de San Martiño, iglesia encuadrada en el denominado "gótico marinero".

Leiro.
Aparello nunha casa de Esperela.

Santiago.

Casa protegida por cortavientos laterales. En el texto una justificación histórica a la zonificación que propondrá en el plan urbanístico de Vigo.

Santiago.

Pórtico, acaso un estudio de soportal para la ambiciosa propuesta de la "Rúa Galicia".

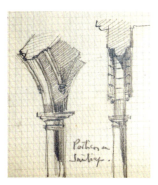

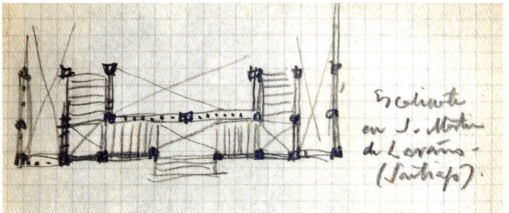

Planta de la escalinata de San Martiño de Laraño.

Santiago. Gárgola.

Bosquejo previo a la definición en 1932 del proyecto de la "Rúa Galicia" que uniría la Porta Faxeira con la plaza del Obradoiro.

Santiago.

Rúa do Vilar.

La atención del arquitecto al soportal se refleja en su obra de intención regionalista.

Santiago.

Portada de San Fiz de Solovio. La decoración con lóbulos del arco está presente en la Casa Consistorial de Porriño. Abajo, cruz celta colmando, posiblemente, un hórreo.

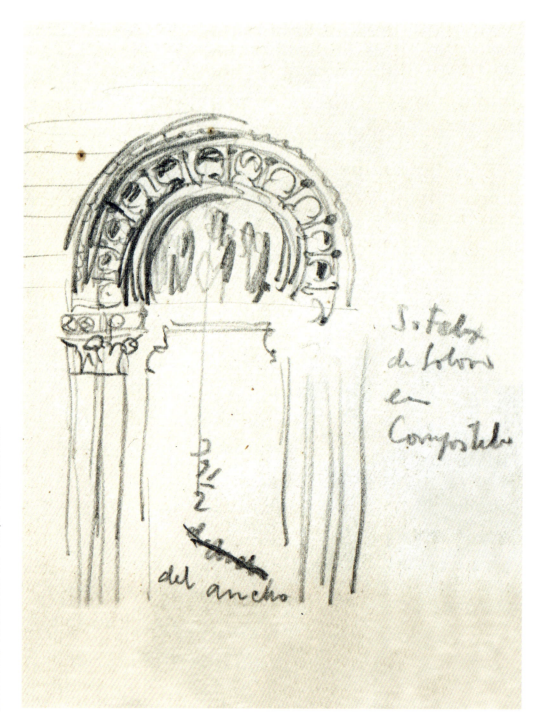

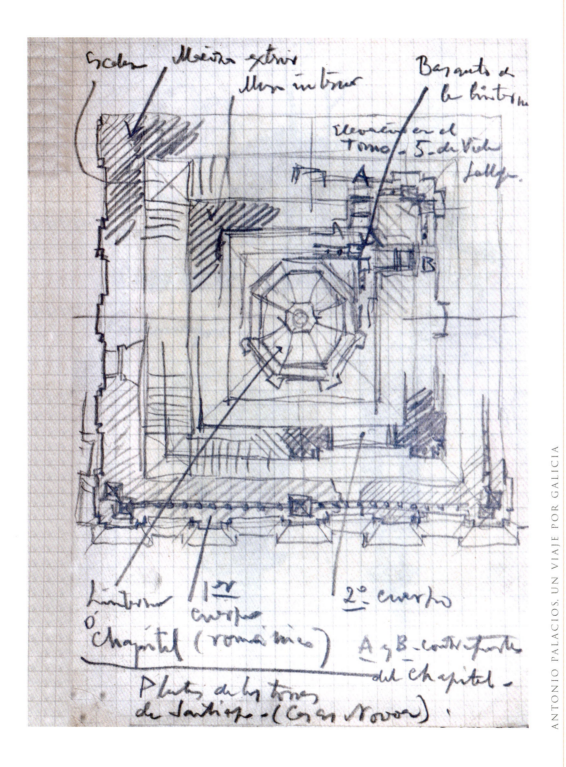

Santiago.

Planta de las torres de Casas Novoa en la catedral. Bajo estas líneas, torre de A Vela, la hermana más joven de la torre del Tesoro y ambas inspiradas en las pirámides precolombinas.

Santiago.

Bosquejo de una fuente monumental con un acceso enlosado que define como característico de los alrededores de Santiago.

Santiago.
Escalinata del Seminario Mayor en la Azabachería.

Santiago.

Fuente en la plaza de Platerías. La mirada a las fuentes históricas está presente en los inicios de su obra, como refleja la "Fonte do Cristo" en Porriño.

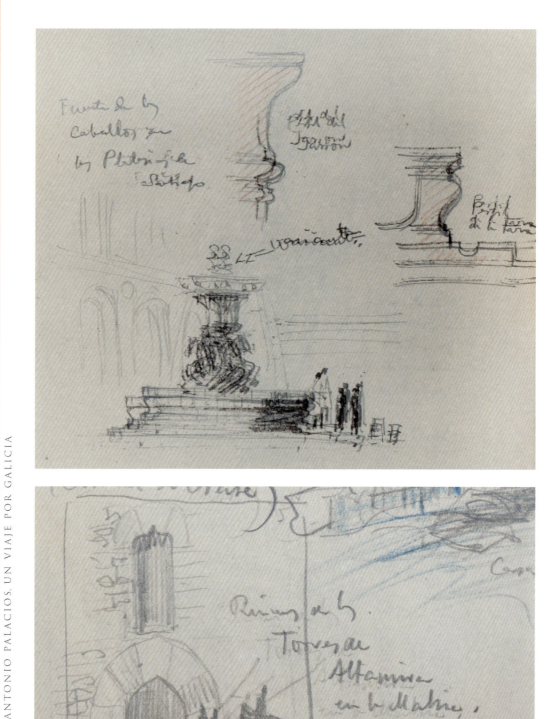

Brión.

Torres de Altamira en el valle de Amaía, de las que anota que habían sido estudiadas por Francisco Tettamancy.

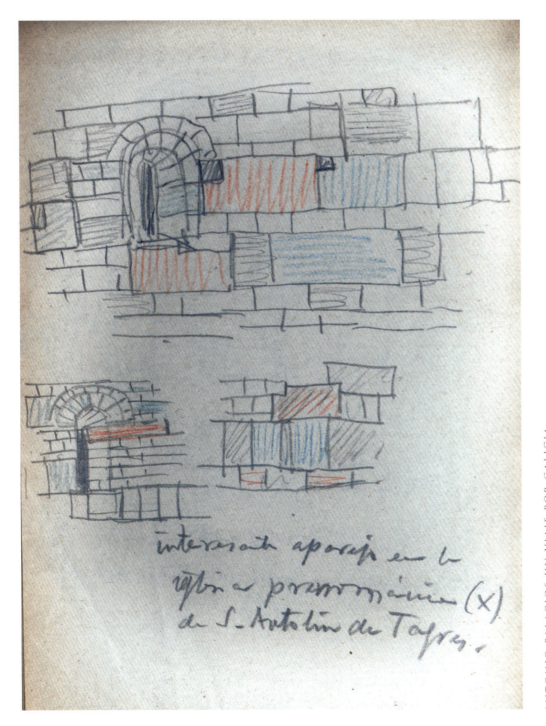

Toques.

San Antolín fue monasterio y, posiblemente, fundado en el siglo X. Conserva diversos elementos prerrománicos. Esa atención a los sistemas constructivos tradicionales está presente en la creación del arquitecto en Galicia.

Sobrado dos Monxes.

Fundado en el año 952 con el nombre de San Salvador. Abandonado, en 1142 comienza en Santa María de Sobrado la vida monástica cisterciense y recupera gran parte de la grandeza. La mayoría de los edificios actuales se construyen en esta nueva época. La monumental iglesia se acaba a finales del s. XVII.

Sobrado dos Monxes.

Claustro procesional, que también recibe las denominaciones de los Medallones y de las Caras. Fue remodelado en los siglos XVI y XVIII. Abajo pormenores del mismo.

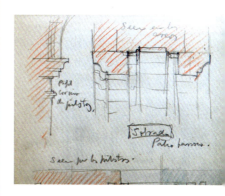

Fisterra.

Casa de carácter urbano con solana sustentada en poderosas ménsulas y columnas.

Cabana en Borneiro (Cabaña) y próximo dolmen en Dombate.

4,20

Cabana de Bergantiños.
Dolmen de Dombate.
Los dibujos y apuntes
reflejan la nueva valoración
de lo propio potenciada
por el galleguismo,
que en su caso se orienta
a la arquitectura histórica,
arqueología, paisaje, etc...

A Coruña.

El interés por la plástica de estos apuntes en la playa de Riazor reflejan el apoyo del arquitecto a la promoción de un arte vinculado a lo vernáculo.

A Coruña.

Apuntes en la playa de Riazor.

A Coruña.
Apunte en Riazor. Los trabajos sobre la figura humana confirman su interés por la pintura, actividad que practicó en el ámbito privado.

A Coruña.

Estos bosquejos en la playa de Riazor muestran un dominio del dibujo que va más allá de lo técnico y arquitectónico.

Cambre.

Santa María. Construída a finales del siglo XII, está considerada como uno de los mejores ejemplos del conocido como románico compostelano en el rural gallego.

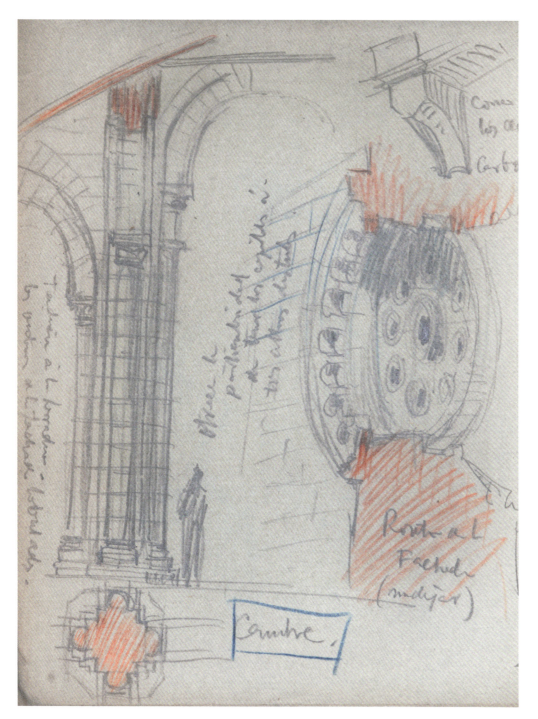

Cambre.
Detalles de la iglesia de Santa María: pilar con su sección, rosetón y canzorro.

Cambre.
Santa María.

Betanzos.

El jabalí de los Andrade en lo alto de la nave sur en el crucero de San Francisco, en lugar del *Agnus Dei,* según Palacios. La mirada al sepulcro de Fernán Pérez Andrade puede intuirse en el oso y el jabalí de la fachada principal de la Casa Consistorial de O Porriño.

Ménsulas en **Sada**, Ventosela **(Ribadavia)**, **Vimianzo** y el Berbés de **Vigo.**

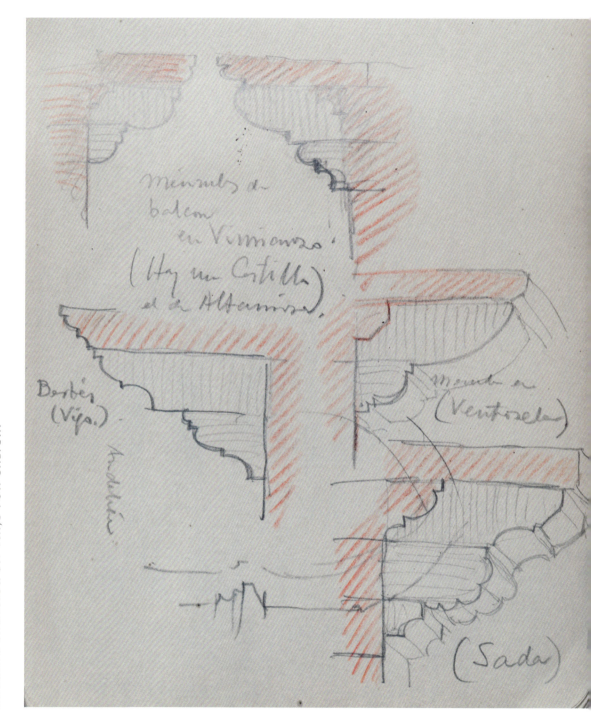

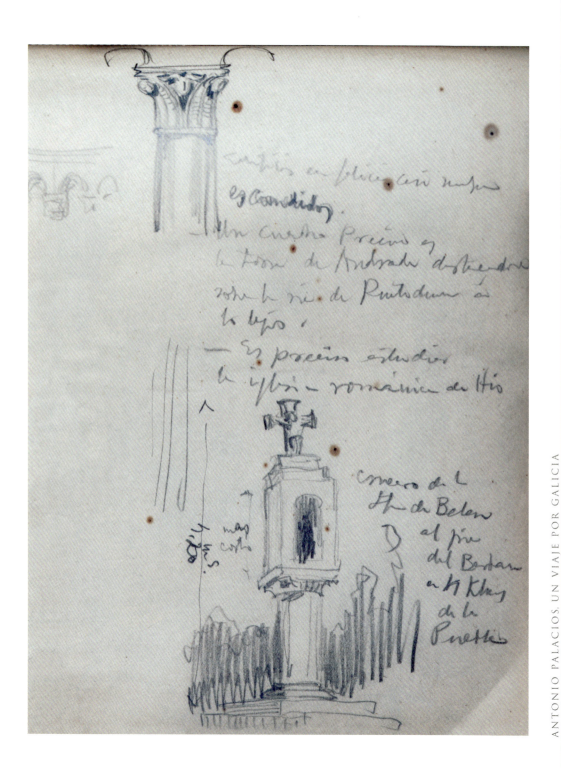

Pontedeume.
Detalle de la torre de los Andrade.

Pobra do Camariñal.
Crucero en Pontenaveira.

Vilalba.

Torre del homenaje del castillo.

Foz.

San Martiño de Mondoñedo.

Foz.

San Martiño de Mondoñedo. En un trabajo publicado en 1925 incidía en la necesidad de fomentar la contemplación directa de los monumentos y proponía la creación de una "Sociedad Gallega de Excursiones".

Vilanova de Lourenzá. Monasterio de San Salvador.

Ribadeo. Casa.

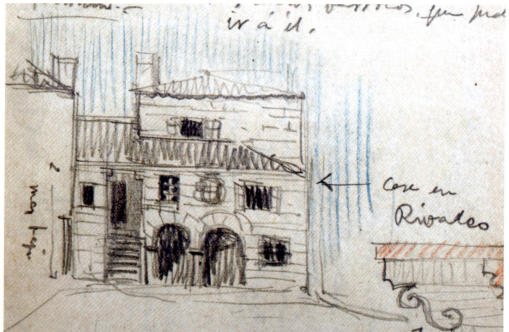

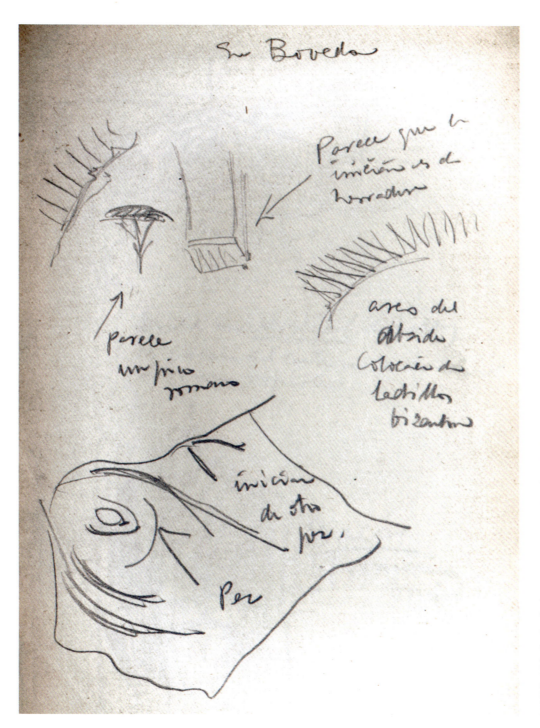

Mera.
Apuntes
de Santalla de Bóveda.

Portomarín.

San Nicolás, también conocida como antigua de San Xoán. Iglesia románica de los siglos XII e XIII que fue trasladada de su primitivo emplazamiento en los inicios de la década de 1960 por las obras del embalse de Belesar.

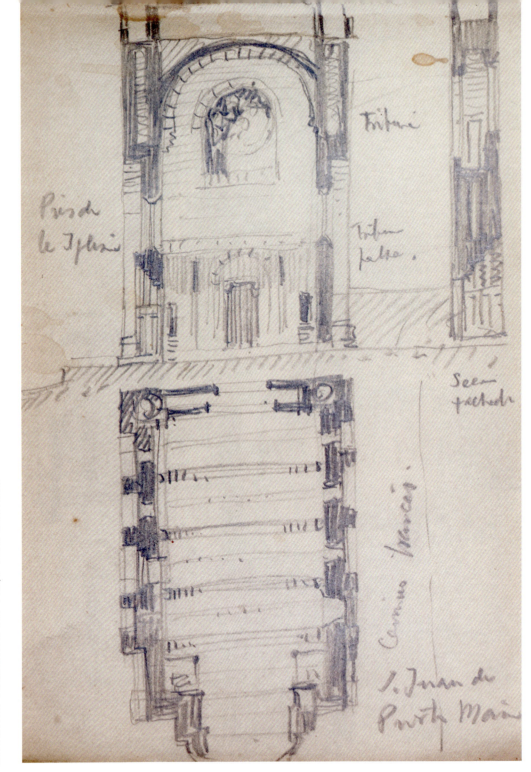

Portomarín.
San Nicolás, (San Xoán)
iglesia fortaleza
de una sola nave cubierta
con bóveda de cañón.
Bosquejos de la cabecera,
interior y sección del ábside.

Becerreá.
Monasterio de Santa María de Penamaior. Planta y alzado.

Samos.
Puerta románica
del monasterio de San Xiao.

Samos.

Monasterio de San Xiao, fuente de las sirenas.

Monforte.
Torre del homenaje del castillo.

Monforte.

Capilla de San Lázaro.

Pobra de Trives.

Puente romano de Bibei.

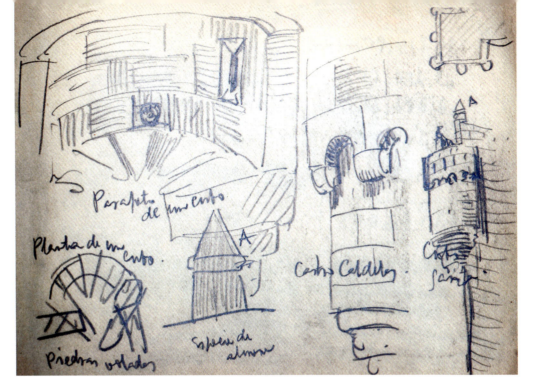

Castro Caldelas.
Apuntes sobre el castillo. Abajo, banco de los enamorados.

Monterrei.
Castillo, construído entre los siglos X e XII, con añadido en el XV, caso de la torre del homenaje.

Monterrey
Toma 5ª Vista

Monterrei.
Arco ojival en la fachada lateral de Santa María de Graza, ubicada en el interior de la fortaleza.

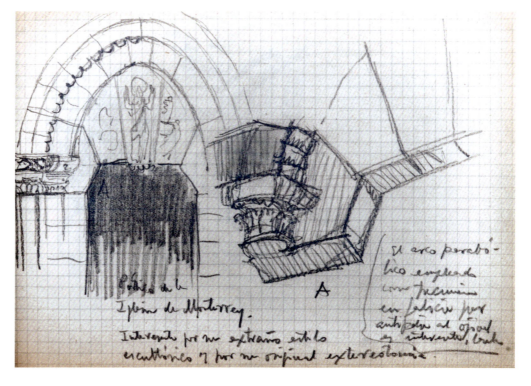

Xinzo de Limia. Ménsula.

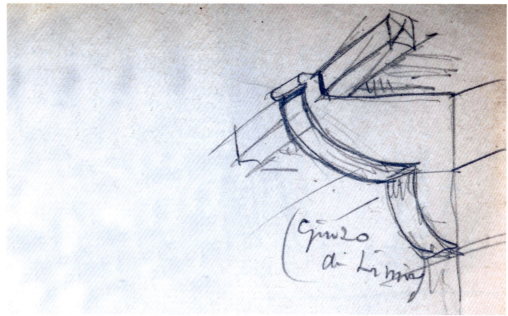

Bande.
Santa Comba, templo visigótico posiblemente de la segunda mitad del siglo VII. Detalle del paramento del ábside.

Rairiz de Veiga.
Romería de A Saínza, que se celebra en el mes de septiembre con motivo de la festividad de Nuestra Señora de las Mercedes.

Rairiz de Veiga.

Romería de A Saínza.
El arquitecto tomó unos rápidos apuntes del enfrentamiento entre moros y cristianos que se representa en la romería.

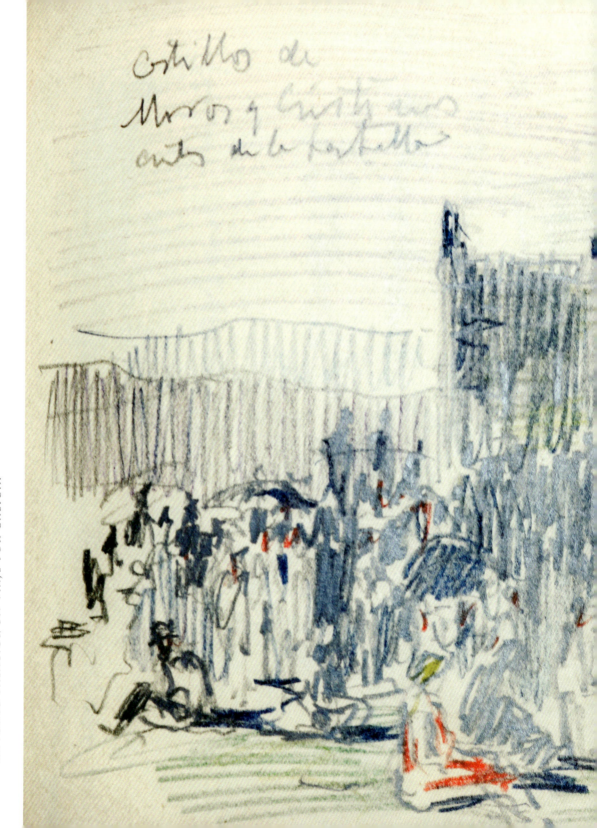

Vilar de Santos.

En esta arracada convergen la mayor parte de las características que definen la producción de la joyería en el noroeste durante la pre y protohistoria, con influencias europeas hallstáticas, destacando la técnica de la filigrana y granulado mediterráneas.
Realizada en una lámina de oro, actualmente está en el Museo Arqueológico de Ourense.

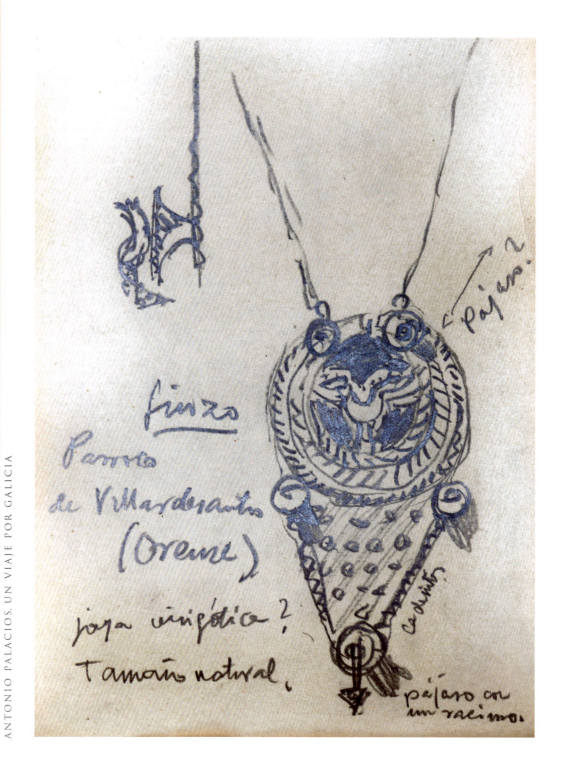

Allariz.

Santa Mariña de Augas Santas, alzado del ábside y sección. La iglesia actual, construcción románica de finales del siglo XII, posee tres naves sin crucero, con falso triforio en el interior, rosetones en la fachada y en los tres ábsides.

Allariz.

Puente románica de Vilanova sobre el río Arnoia. Abajo, iglesia de Santiago, siglo XII, de estilo románico gallego, tiene una sola nave con ábside semicircular. Conserva la estructura primitiva íntegra.

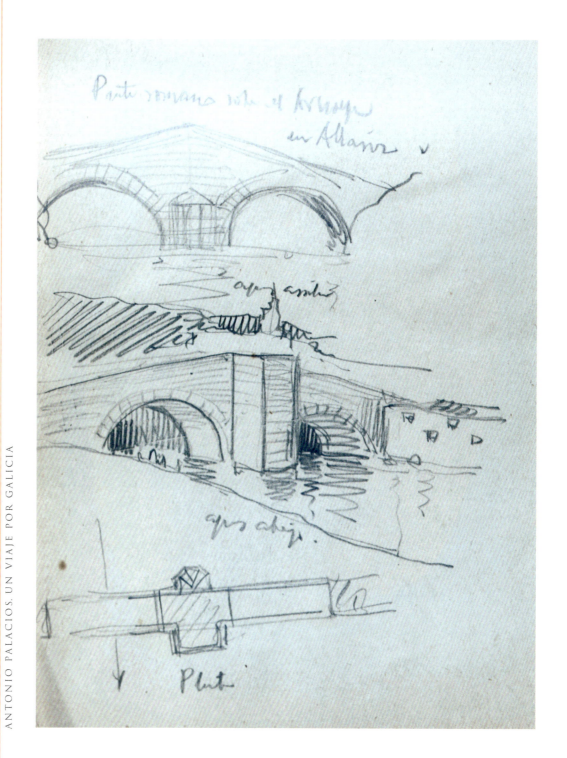

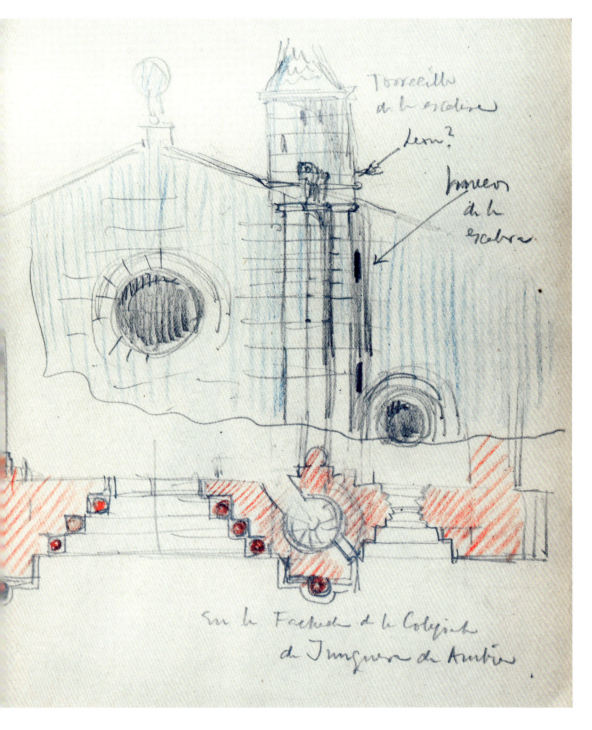

Xunqueira de Ambía.
Colegiata de Santa María. Entre los siglos VIII e X se levantó un monasterio pero es en 1164 cuando se sabe con certeza que se construye la iglesia románica. Actualmente va desde el románico al barroco, tiene planta de cruz latina con tres naves y tres ábsides.

Xunqueira de Ambía.
Horreos sobre los portales de entrada.

Baños de Molgas.
Os Milagres.

Ribadavia.
Casa atalaya en Prexigueiros.

Xunqueira de Espadañedo.
Pilas bautismales del monasterio de Santa María.

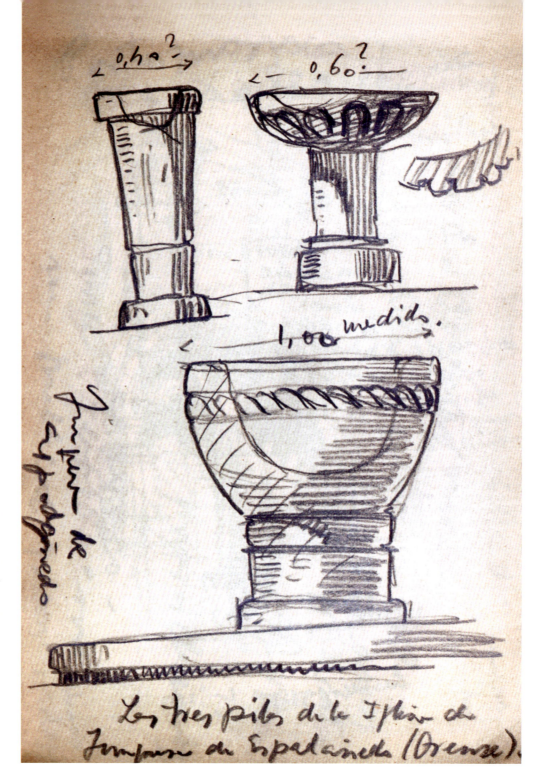

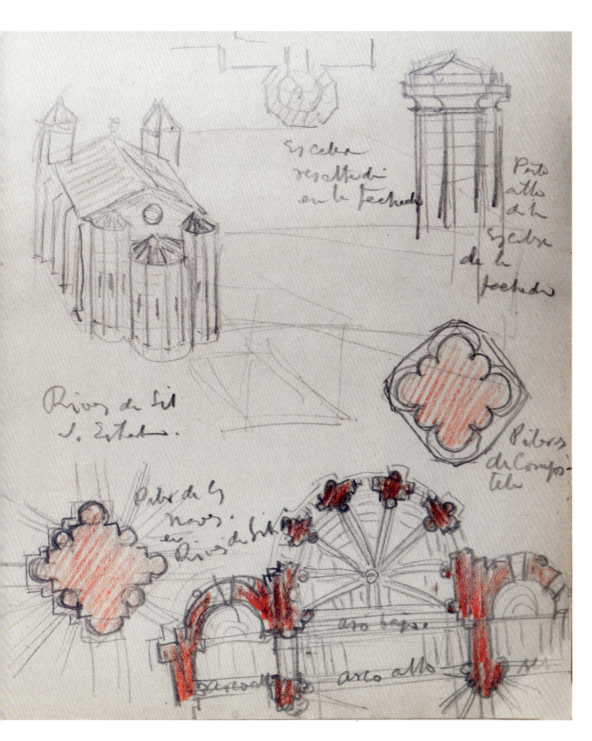

Nogueira de Ramuín.
San Esteban de Ribas de Sil.
La tradición habla de que fue
fundado en el siglo VI por
san Martiño Dumiense.
El aspecto actual se debe a las
obras de entre los s. XII e XVIII
que los convierten en uno de los
conjuntos más destacados y
espectaculares del rico
patrimonio monumental gallego.

Nogueira de Ramuín.
San Esteban de Ribas de Sil, sección hipotética.
Abajo, casa.

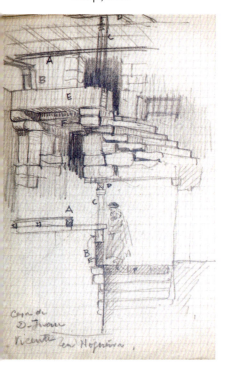

Barbadás.
San Martiño de Loiro,
iglesia del románico rural,
de una nave construída en el
s. XII y modificada posteriormente.

Barbadás.
San Martiño de Loiro, ángulo de la fachada y lateral derecho.

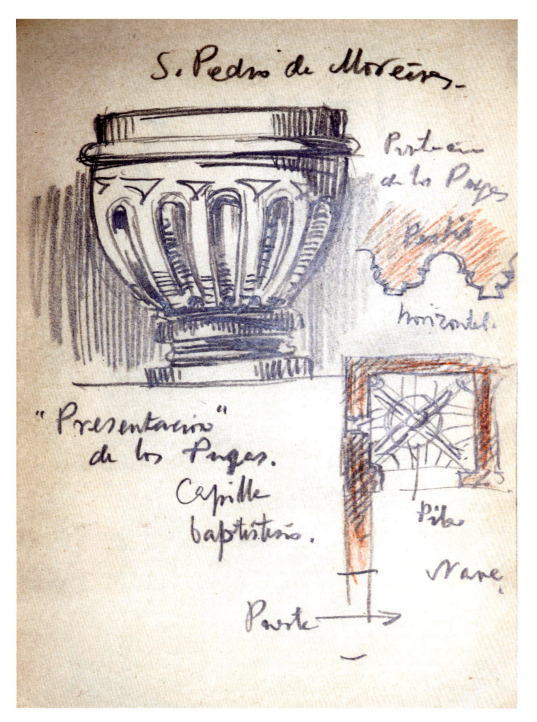

Toén.

San Pedro de Moreiras.
La fachada es barroca, con dos torres desiguales, puerta adintelada acompañada de dos pares de columnas exentas, si bien fue en el siglo XI cuando se empezó a construír la iglesia románica primitiva.

Castrelo de Miño.

Santa María dominaba el valle, ahora, a partir de 1969 lo hace sobre el embalse que lo inundó. Monasterio dúplice en el s. X, es decir con frailes y monjas separados, después solo femenino. Del románico original conserva una parte del ábside y un trozo de la torre aneja a este.

Melón.

El monasterio de Santa María se fundó en 1142 por la orden del císter. La iglesia conserva la planta de cruz latina con dos capillas en el ábside y un deambulatorio con grandes columnas.

Ribadavia.

San Xoán, románica,
construída
a finales del siglo XII.
Acaso un ejercicio de Palacios,
porque ni la figura ni el fuste
helicoidal se ven en realidad.
Abajo, rosetón
de San Domingos.

Cenlle.

Casa en Rioboo, con un complejo patín y solana superior.

Maside.

Mas que Dacón parece
San Tomé o Vello.
Abajo, molino en Listanco.

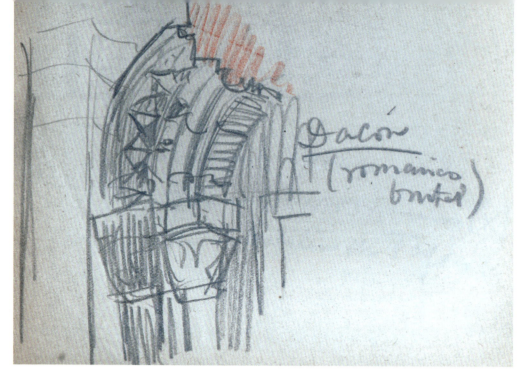

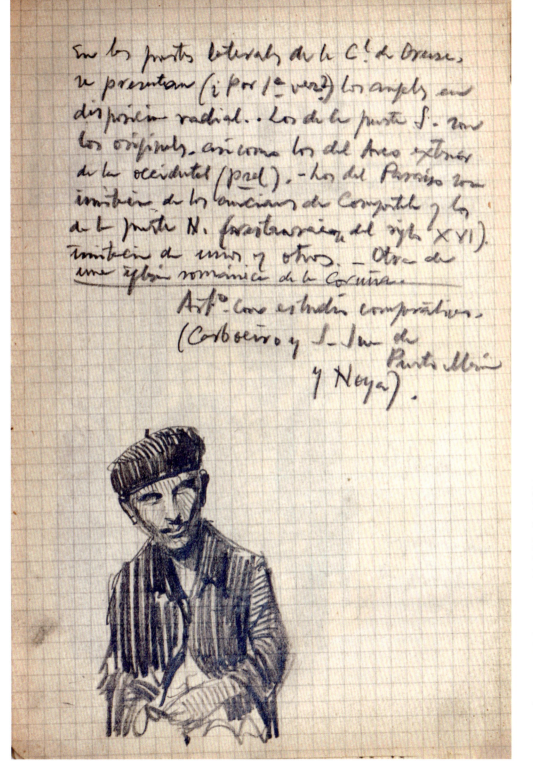

Ourense.

Comentario sobre la disposición de los ángeles en las puertas laterales de la catedral.

Ourense.
Bosquejo de tracería flamígera en la capilla de San Xoán de la catedral. Palacios anota: *"Mudejarismos en los ventanales..."*.

Cea.
Pormenor del deambulatorio de Santa María de Oseira. El interés en este elemento se percibe en la cabecera de A Veracruz de O Carballiño.

Cea.

Se sabe de su existencia desde 1137. La iglesia es del siglo XIII y es considerada como obra maestra del cisterciense, con un característico estilo románico ojival.
Palacios visita el monumento en 1924 acompañado de Laureano Salgado, Paz Andrade, Rodríguez de Vicente y los ingenieros Ramón Beamonte y Santiago Rodríguez, a los que comenta: *"Siento en este momento una emoción profunda al encontrarme aquí, de modo inesperado, con las raíces todas de mi arte"*.
En el deambulatorio de A Veracruz de O Carballiño se percibe una mirada a este elemento de Oseira.

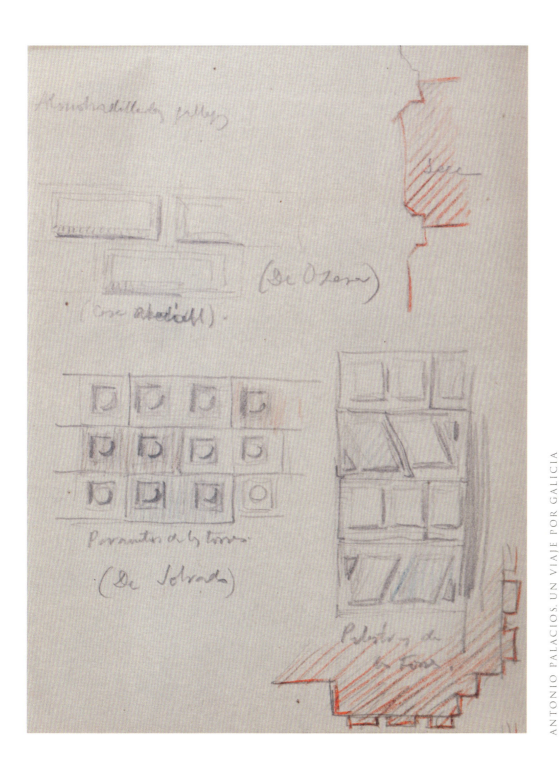

Cea, Sobrado...

almohadillados gallegos.
Abajo, ménsula en Oseira.

Palacios prestó siempre
atención a las posibilidades
expresivas del granito,
que en su obra exhibió
de forma ruda, casi
sin trabajar o con la delicada
labra del maestro cantero.

Leiro.

San Miguel de Lebosende. Construída en el siglo XII, románico de transición, el resto de la obra corresponde a las reformas del s. XVI.

Leiro.

Torreón de la iglesia de San Clodio. Ya en tiempos plenomedievales se constituyó como cenobio benedictino que abrazó la reforma del císter en 1151, alcanzando su máximo esplendor en los siglos XII y XIII.

Leiro.

Pormenores de los capiteles de la portada de San Clodio, de la que Palacios comenta *"presenta la particularidad de que los acodillados son curvas"*.

Leiro.

Portada lateral de la iglesia románica de San Tomé de Serantes.
Abajo tipo de ermita abierta en San Bartolomeu.

Carballiño.
Santa Baia de Banga.
En origen fue románica,
pero de este estilo solo conserva
partes en los muros norte
y canzorros reaprovechados.
En los XVI e XVIII recibió
reformas que continuaron
en el XIX. En el interior,
en la bóveda del presbiterio,
destaca la presencia de pinturas
renacentistas.

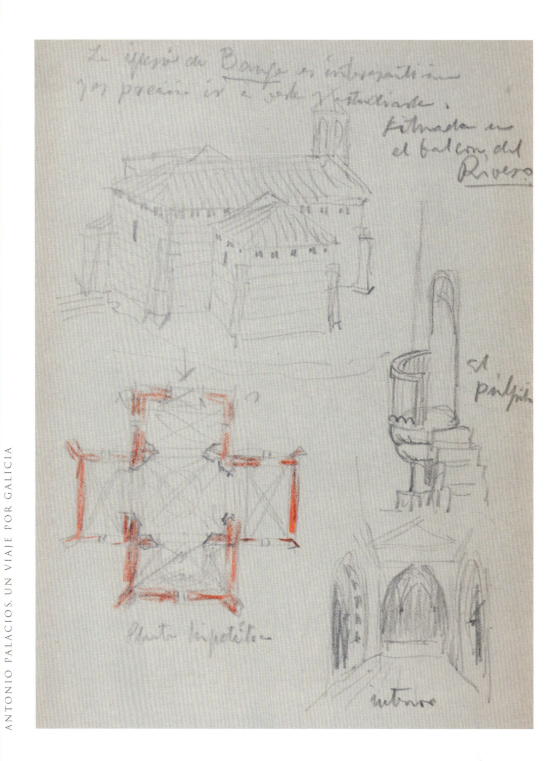

Carballiño.
Santa Baia de Banga.
Abajo, detalle de la arquivolta.

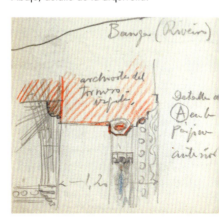

Boborás.

Ábside de San Salvador en Pazos de Arenteiro. Iglesia románica del s. XII, es un imponente edificio de una única nave, ábside semicircular y dos capillas de los siglos XV e XVI. Pazos de Arenteiro, en la confluencia de los ríos Avia y Arenteiro, es Conjunto Histórico Artístico desde 1973.

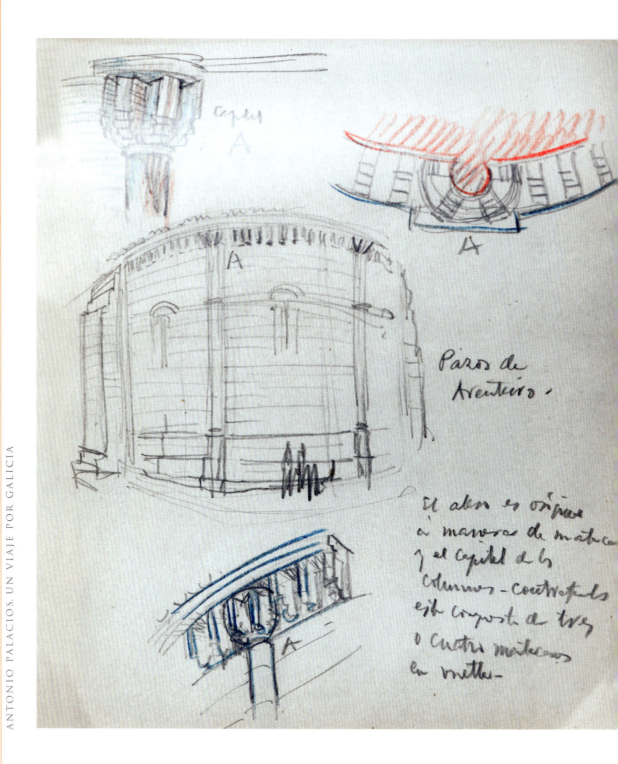

Hórreo del siglo XIII según una miniatura del códice de las *Cantigas* de Afonso X.

Crucero diseñado por Antonio Palacios inspirado en otro crucero vigués.

Opus reticulatum.
Técnica constructiva de los muros romanos que ya empleaban los gallegos en las casas circulares del castro de Santa Trega.

Repisa para un balcón diseñada por Palacios inspirada en una construcción viguesa y, posiblemente, en una de las puertas de San Paio de Antealtares en Santiago. Casa con patín en San Clodio en el inferior de la lámina.

Un muro de casa circular de Sta. Tecla.

___

Análogo con el opus reticulatum empleado mas tarde por los romanos. Todas las "juntas" siguen muy aproximadamente líneas inclinadas á 45°— de gran dificultad de trazar en obra al no ser continuas, sinó interrumpidas por la variedad de tamaños de las piedras. Le aumenta la complicación constructiva por la forma cilíndrica y no plana de la superficie del paramento.

En los puntos laterales de la C.ᵃ de Orense, se presentan (¿por 1ª vez?) los angeles en disposición radial.- Los de la puerta S. son los originales, así como los del Arco exterior de la occidental (pral).- Los del Paraiso son imitación de los anteriores de Compostela y los de la puerta N. (restauración del siglo XVI) imitación de unos y otros. _ Otra de una iglesia románica de la Coruña.

Arqᵗᵒ. Caso estudios comparativos.
(Corboeiro y S. Juan de Puentes Mlín y Noya).

Antonio Palacios, un viaje por Galicia
se acabó de imprimir
el día 31 de mayo de 2021

Penedo colosal.
en S. Cibrano.

30 = áltura
50 = lonxitude
23 = grosor.